天津大学

全国高校创新创业教育颇具特色院校

天津大学党委书记李家俊教授在天津大学承办的“全国第三届创业学院院长论坛”上致辞，形成发布《创新创业教育天津共识》

天津大学宣怀学院（中科创新创业学院）组织学生参加“创客思享汇”，激发同学们的创新欲望和双创潜力

天津大学全校性选修课“创业实境演练”结课仪式

天津大学双创课程“创业实境演练”课堂展示

天津大学中科创业学院（宣怀学院）施星亮院长主持京津冀创业教育论坛

天津大学组织津港青年文化创新创业交流实习活动

彩页 2

大连理工大学

全国高校较早开展创新创业教育的院校

时任中央政治局委员、国务委员刘延东
视察大连理工大学创新学院

时任教育部高教司司长张大良视察
大连理工大学创新创业学院

大连理工大学在“第九届全国大学生
创新创业年会”上获奖

大连理工大学获得 2013 年全国“美新杯”
物联网大赛冠军

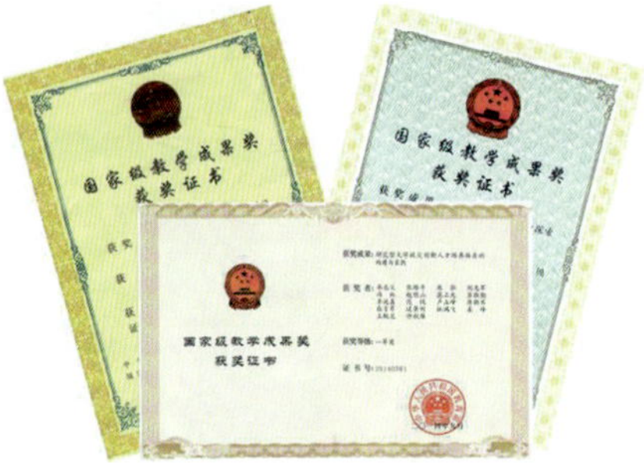

大连理工大学双创教育获得三次
国家教学成果一等奖

用心仰望创新的星空

这里，有创新人才成长的一片沃土

大连理工大学创建大学生创新教育实践中心

创新，再创新

塑造发明家

大连理工大学双创工作得到社会赞誉

彩页 3

昆明冶金高等专科学校

全国高职较早开展创新创业教育的院校

牵头组织首届高职创新理事会和 1~6 届全国高职“发明杯”双创大赛活动剪影

首届全国高职高专“发明杯”大学生创新大赛在深圳举行颁奖仪式

第二届全国高职高专“发明杯”大学生创新大赛在昆明冶金高等专科学校闭幕

参加中国发明协会“发明创业奖”颁奖

创工委成立及第四、五届“发明杯”颁奖

昆明冶金高等专科学校向时任教育部部长周济等领导汇报学校快速发展的“六大创新”措施

全国高职创工委在昆明冶金高等专科学校组织第二届全国高职创新师资培训

组织创新教育重点基地挂牌、“创新在高职”院校长论坛等系列活动

组团参加中国创造学会组织的全国高校创造创新教育研讨会

成都航空职业技术学院

中国发明协会高职院校发明创新分会
第二届理事长单位

牵头组织 7~12 届全国高职“发明杯”双创大赛等活动剪影

第七届全国高职“发明杯”双创大赛在
成都航空职业技术学院举行

第八届全国高职“发明杯”双创大赛在
四川职业技术学院举行

第九届全国高职“发明杯”双创大赛在
南京工业职业技术学院举行

第十届全国高职“发明杯”双创大赛在
山东理工职业技术学院举行

第十一届全国高职“发明杯”双创大赛在
江苏建筑职业技术学院举行

第十二届全国高职“发明杯”双创大赛在
河南许昌职业技术学院举行

学校航模队在科研类全国航空航天模型
锦标赛中荣获一等奖

学校队 2017 年再次勇夺国际超轻复合材料
桥梁竞赛总冠军

中国高校创新创业教育发展蓝皮书(2017)

Blue Book onto Innovation and Entrepreneurship Education Development in Chinese Universities (2017)

北京中科创大创业教育投资管理有限公司
中科招商投资管理集团股份有限公司　　编著
中关村中科创新创业教育基金会

北　京
冶 金 工 业 出 版 社
2018

内容提要

本书共八章，主要内容包括中国高校创新创业教育的演进历程与发展趋势、中国高校创新创业教育的问题与挑战、创新创业教育的大视野——开源新生态、创新创业发展的校企合作新载体——创业学院、中国高校创新创业创客教育的实施路径、国外创新创业教育的院校实例、中国高校创新创业教育典型院校展示以及2017年中国高校创新创业教育大事记。

本书是中国高校年度创新创业教育改革基本状况的历史性记载、阶段性综述和基础性资料，可供高校的双创和专业教师、双创管理人员及相关人员、中层干部和校级领导参考。

图书在版编目(CIP)数据

中国高校创新创业教育发展蓝皮书.2017/北京中科创大创业教育投资管理有限公司，中科招商投资管理集团股份有限公司，中关村中科创新创业教育基金会编著.—北京：冶金工业出版社，2018.9

ISBN 978-7-5024-7917-6

Ⅰ.①中… Ⅱ.①北… ②中… ③中… Ⅲ.①高等学校—创造教育—研究报告—中国—2017 Ⅳ.①G640

中国版本图书馆CIP数据核字(2018)第214773号

出版人 谭学余
地　址 北京市东城区嵩祝院北巷39号 邮编 100009 电话 (010)64027926
网　址 www.cnmip.com.cn 电子信箱 yjcbs@cnmip.com.cn
责任编辑 杜婷婷 美术编辑 彭子赫 版式设计 孙跃红
责任校对 郑 娟 责任印制 牛晓波
ISBN 978-7-5024-7917-6
冶金工业出版社出版发行；各地新华书店经销；三河市双峰印刷装订有限公司印刷
2018年9月第1版，2018年9月第1次印刷
787mm×1092mm 1/16；9.5印张；2彩页；234千字；138页
48.00元

冶金工业出版社 投稿电话 (010)64027932 投稿信箱 tougao@cnmip.com.cn
冶金工业出版社营销中心 电话 (010)64044283 传真 (010)64027893
冶金书店 地址 北京市东四西大街46号(100010) 电话 (010)65289081(兼传真)
冶金工业出版社天猫旗舰店 yjgycbs.tmall.com
(本书如有印装质量问题，本社营销中心负责退换)

序

创新创业教育——新时期大学的新使命

创新创业（简称双创）教育已经成为新时期大学的新使命！

2014年9月，李克强总理在天津举行的夏季达沃斯论坛上首次提出“大众创业、万众创新”倡议，并在2015年全国“两会”的政府工作报告中再次强化，我国不断推进“大众创业、万众创新”，既有中国理念，又有中国行动，更有中国成果。国家密集地连续下发了一系列推动双创的文件：2015年3月2日，下发了《国务院办公厅关于发展众创空间推进大众创新创业的指导意见》（国办发〔2015〕9号）；2015年3月13日，《中共中央国务院关于深化体制机制改革 加快实施创新驱动发展战略的若干意见》（中发〔2015〕8号）颁布实施；2015年4月27日，下发了《国务院关于进一步做好新形势下就业创业工作的意见》（国发〔2015〕23号）；2015年5月4日，下发了《国务院关于大力发展电子商务加快培育经济新动力的意见》（国发〔2015〕24号）；2015年5月4日，下发了《国务院办公厅关于深化高等学校创新创业教育改革的实施意见》（国办发〔2015〕36号）；2015年5月12日，下发了《关于印发2015年推进简政放权放管结合转变政府职能工作方案的通知》（国发〔2015〕29号）；2015年6月11日，下发了《国务院关于大力推进大众创业万众创新若干政策措施的意见》（国发〔2015〕32号）；2015年8月20日，下发了《国务院办公厅关于同意建立推进大众创业万众创新部际联席会议制度的函》（国办函〔2015〕90号）；2015年9月，中共中央办公厅、国务院办公厅印发了《深化科技体制改革实施方案》（中办发〔2015〕46号）；2015年9月26日，下发了《国务院关于加快构建大众创业万众创新支撑平台的指导意见》（国发〔2015〕53号）；2016年2月14日，下发了《国务院办公厅关于加快众创空间发展服务实体经济转型升级的指导意见》（国办发〔2016〕7号）；2016年2月18日，下发了《国务院办公厅关于加快众创空间发展服务实体经济转型升级的指导意见》（国办发〔2016〕7号）；2016年2月26日，下发了《国务院关于印发实施〈中华人民共和国促进科技成果转化法〉若干规定的通知》（国发〔2016〕16号）；2016年5月8日，下发了《国务院办公厅关于建设大众创业万众创新示范基地的实施意见》（国办发〔2016〕35号）；2016年4月21日，下发了《国务院办公厅关于印发促进科技成果转移转化行动方案的通知》（国办发〔2016〕28号）；2016年5月19日，中共中央、国务院印发实施《国家创新驱动发展战略纲要》；2017年2月，中共中央、国务院在印发的《关于加强和改进新形势下高校思想政治工作的意见》中强调，高校肩负着人才培养、科学研究、社会服务、文化传承创新、国际交流合作的重要使命，这是继2011年时任中共中央委员会总书记胡锦涛讲话中将文化传承创新确定为高校第四项职能之后，党和国家首次将“国际交流合作”确定为高校第五项职能（将国际交流合作确定为高校第五项职能，这是我国高等教育与教育对外开放发展规律性认识的重大理论创新，是新时期党中央对高校职能的重要论述，体现了党中央统揽全局、在国际化格局下推进高等教育改革的战略思维）；2017年7月12日，国务院下发了《关于强化实施创新驱动发展战略　进一步推进大众创业万众创新深入发展的意见》；2017年7月21日，下发了《国务院关于强化实施创新驱动发展战略　进一步推进大众创业万众创新深入发展的意见》（国发〔2017〕37号）；2017年12月5日，下发了《国务院办公厅关于深化产教融合的若干意见》（国办发〔2017〕95号）等一系列文件精神。2017年10月18日，习近平总书记在十九大报告中关于推进创新的一系列指示精神；2018年3月5日，国务院总理李克强代表国务院向十三届全国人大一次会议作了政府工作报告，并对2018年政府工作整体部署，其中，报告中多次强调了科技创新和双创，鲜明地表达了我国对此领域的高度重视，报告53次提及创新，透露出五大创业趋势，社会双创活力日益增强，对经济社会发展的拉动作用不断提升。

2017 年 4 月 27 日，联合国大会通过决议，将每年 4 月 21 日指定为世界创意和创新日。决议指出，创新对于发挥每个国家的经济潜力至关重要，并呼吁各国支持大众创业、万众创新，这将为各国实现经济增长、创造就业凝聚新动力，为包括妇女和青年在内的所有人创造新机遇。中国“双创”理念写入联合国决议，显示了创新作为推动可持续发展重要动力已获得广泛国际共识，中国方案再次为全球课题贡献智慧。

在当今世界，经济发展方式已由传统的大规模生产和线性转换关系演化到后工业化、知识驱动、开放和更加交互的创新体系。知识经济的兴起，使国家的核心竞争力越来越表现为以高素质的创新创业型人才为基础，对人力资源和知识成果的培育、配置和调控，以知识促进经济的发展。

作为经济社会“知识中心”的主力军，大学在知识扩散和创新变革中扮演着非常重要的角色。面对时代的更迭和社会的快速发展，大学逐渐从传统的专注于教学和高深学问研究的象牙塔中解放出来，与社会紧密联系在一起，不仅要在提高人才培养质量、提升科学研究水平、增强社会服务能力等方面重点着力，更要积极地投身于双创教育中去，应用和扩散已生成的知识成为确保大学履行其新时期的新使命，并在当今社会环境中保持繁荣的关键所在。作为国家创新体系的重要组成部分，高校实施双创教育为贯彻落实党中央提出的“提高自主创新能力，建设创新型国家”“以创业带动就业”“加快转变经济增长方式”战略提供有力的人才和智力支持。通过建立创新文化、激励政策以及采用新的组织模式让大学积极参与到双创活动中，双创教育所具有的重大战略意义和教育价值，已经被我国高校广泛关注和普遍认同，也已经成为世界各国大学在创新驱动发展战略中的共性举措。

国家已经把双创教育列入《国家中长期教育改革和发展规划纲要(2010—2020 年)》，并把双创教育融入人才培养的全过程，其核心是培养大学生的创新精神、创业意识和创新创业能力，改革人才培养模式和教育内容，将人才培养、科学研究、社会服务、文化传承创新和国际交流合作紧密地结合起来，形成新时期大学的新使命和新任务，实现从注重知识向更加重视能力和素质的转变，全面提高人才培养质量。

高校双创教育的飞速发展，一方面表明了知识社会对于高级专门人才的重视以及需求的增加，而另一方面也向高等教育系统提出了挑战：要有效推进双创教育的发展，把握其理念内涵、分析制约其发展的瓶颈、构建一套可行的实施方案是十分迫切的问题。

实干有为，奋斗能成。21世纪是“创新创业教育时代”，作为国家创新体系的重要组成部分，高等教育已经走在了国际竞争的前沿，大学已经成为培育和催生经济社会发展新动力的重要力量，双创教育已经成为新时期大学的新使命和新任务。教育部也已提出了“将创新创业教育全方位深层次融入人才培养全过程，探索中国模式、中国方案，领跑全球创新创业教育”的奋斗目标，高校只有与社会各界协同构建双创教育生态体系，才能培养出一批又一批高水平、高质量的科研创新人才和技术应用人才以及创新型、发展型和复合型高素质技术技能人才，才能真正朝着教育部提出的双创教育奋斗目标努力迈进！

中科招商投资管理集团股份有限公司　董 事 长
北大21世纪创业投资研究中心　常务副主任
中国创业投资专业委员会联席会　会　　长
（单祥双）
2018年6月

前　言

继2016年北京中科创大创业教育投资管理有限公司（简称中科创大）和中国与全球化智库联合发布《中国高校创新创业教育发展蓝皮书(2016)》之后，国内外高校的双创教育发生了很大变化，呈现出一些新的特征与发展趋势。

为了及时总结归纳与反映高校的双创教育新进展，在中关村中科创新创业教育基金会的鼎力资助下，中科创大、中科招商投资管理集团股份有限公司（简称中科招商）联合组织专家学者，共同编撰完成了本书。

本书的编写分工为：全书由中科招商集团联席总裁、中科创大创始人刘继军总裁主持编写工作；中科创大副总裁多俊岗教授和中科创大创新创业教育研究院院长夏昌祥教授负责蓝皮书写作提纲和前言的编写工作，并对全书进行统稿和审校；汉能控股集团高级经理徐铁英（北京大学博士，清华大学博士后）负责第一章和第二章的编写工作；中科创大李明镜博士（清华大学博士后）负责第三章的编写工作；中科创大副总裁多俊岗教授和天津大学教育学院李智芳主任负责第四章和第八章的编写工作；中国电子商务协会移动电商促进会会长于久贺、云微创投平台资本创始人于智凤和加拿大中国青年创业家俱乐部创办人武靖棋负责第五章的编写工作；中科创大国际合作中心副主任刘伯霏负责第六章的编写工作；中科创大创新创业教育研究院院长夏昌祥教授负责第七章的组稿和编写协调工作。

本书在编撰过程中，参阅了一些专家、学者的研究成果，编写人员深入部分院校实地考察双创教育的实践活动，中关村中科创新创业教育基金会给予了一定资助，在此一并表示衷心的感谢。

由于编者水平所限，书中不妥之处，敬请广大读者批评指正。

作　者

2018年6月于北京

目　录

第一章
中国高校创新创业教育的演进历程与发展趋势

第一节　中国高校创新创业教育的演进历程

一、借鉴国外经验，从自发探索到教育部门引导下的多元探索

大学生创业活动起始于20世纪80年代初的美国，哈佛大学、百森商学院等学校在创业教育方面较早地展开了理论研究和教学实践。

我国大连理工大学、清华大学、复旦大学、华东师范大学、武汉大学、北京航空航天大学、浙江大学等高校也在1997年前后对创新创业教育做出了积极有益的、自发性的探索。如大连理工大学作为中国高校较早倡导并开展创新创业教育的院校，早在1985年就开展“三小一环”教学改革实践，掀起了创造发明热潮；1990年，成立大连理工大学创造发明培训学校；1993年成立全国第一个学生创业企业——天威科技开发服务中心；1995年，学校在全国高校率先成立创新教育实践中心，面向校内学有余力、有兴趣的学生开办创新实践能力强化班，成立以学生创新实践为主体的教学单位，在全国产生很大影响；1998年全面实施创新人才培养工程。又如清华大学以学生创业计划竞赛为载体的创业教育探讨与实践，复旦大学教育学生创业基础知识和基本技能，华东师范大学尝试开设“创业教育课程”，武汉大学实施“三创”教育（创造、创新、创业教育），北京航空航天大学科技园等机构对学生创业给予注册、资金支持等等。其中，清华大学技术经济与管理系雷家骕教授在清华大学开设全国首门“创业管理”课程。这一时期，清华大学经济管理学院最早在国内工商管理硕士（MBA）培养计划中设立了创新与创业方向。

1998年5月，清华大学和上海的一家杂志社联合几所高校，成功举办了第一届“清华创业计划”大赛，首次将创业计划大赛引入了国内大学校园。1999年，浙江大学管理学院与竺可桢学院合作创办了全国第一个以创新创业为主题的教学改革班级——浙江大学高新技术创新创业管理强化班。1999年，由中国共产主义青年团中央委员会（简称共青团中央）、中国科学技术协会、全国学生联合会主办，清华大学承办的首届“挑战杯”中国大学生创业计划竞赛成功举行。竞赛汇集了全国120余所高校的近400件作品，在全国高校掀起了一轮创新、创业的热潮，产生了广泛的社会影响。随着创业计划竞赛在全国范围的推广，有关创业计划竞赛辅导、创业课程设置以及创业人才培养越来越多地出现在高校教学活动中。

2002年4月，教育部高等教育司组织召开的普通高等学校“创业教育”试点工作座谈会，启动了创业教育试点工作，鼓励试点高校通过不同的方式尝试创业教育，探索适合我国国情的创业教育，明确指出：“高等学校一方面要不断提高人才培养的质量和社会适

应性，同时也要加强对学生的创新意识、创新精神和创业能力的培养"，在清华大学、北京航空航天大学、中国人民大学、上海交通大学、西安交通大学、武汉大学、黑龙江大学、南京财经大学、西北工业大学9所大学开展创新创业教育试点工作，这标志着我国高校创新创业教育由自发探索阶段进入到教育行政部门引导下的多元探索阶段。

经过近十年的努力，实现了各高校对创业教育展开理论研究和实践探索，从创业竞赛这种单一的模式转向课堂教学、科学研究等多元模式，为创业教育的理念深化和普及推广奠定了基础。

二、培养创业教育师资，开展创业教育教学

为真正落实创业教育，2003年10月，教育部举办了第一期创业教育骨干教师培训，标志着创业教育教学的正式开始。其后的十年里，北航创业管理培训学院成功举办十期创业教育骨干教师研修班，培训内容也从传授创业教育理论逐渐发展到创业教育模式和方法。

KAB（Know About Business）创业教育（中国）项目是我国另一个推进中国创业教育发展的一项尝试。它是共青团中央、全国青少年联合会与国际劳工组织合作自2005年8月起在华开展的大学生创业教育项目，其目的是为适应创新创造的时代要求，满足大中专毕业生创业就业的现实需要，在吸收借鉴国际经验的基础上，探索一条具有中国特色的创业教育之路。截至2017年2月，KAB项目已培训来自1500多所高校的9100多名师资，在330多所高校创设大学生KAB创业俱乐部，上百万多名大学生参加了学习实践。在清华大学、中国青年政治学院、浙江大学等1300多所高校开设了"大学生KAB创业基础"课程，公开出版了《大学生KAB创业基础》教师用书和学生用书两套教材，建立了师资培训、教学研究、质量控制、课外实践和交流推广五大体系。

随着这些师资培训项目的逐期举办，各高校逐年增加了创业教育师资储备，创业教育师资严重不足的状况也得到逐步改善。越来越多的高校开始在学校课程设置中增加创业课程教学内容并在人才培养方面给予创业教育以重要地位。

2007年年初，中华人民共和国教育部和财政部联合出台了"高等学校本科教学质量和教学改革工程"，简称"质量工程"项目（教高〔2007〕1号），又立项建设了30个创新与创业教育类人才培养模式创新实验区，取得了较好的预期成果，从而实现从创业师资培训向学生创业教育的重心转移。在试点和试验过程中，各高校分别通过不同的方式，探索开展创新创业教育实践，形成了3种模式：

（1）以课堂教学为主导开展创新创业教育的模式。如中国人民大学强调重视培养学生的创业意识，构建创业知识结构，将第一课堂、第二课堂结合起来，开设"企业家精神""风险投资"等创新创业课程。

（2）以提高学生创业意识、创业技能为重点的创新创业教育模式。如北京航空航天大学专门成立创业管理培训学院；设立创业种子基金，为学生在校期间创业直接投入资金500万元；还通过建立大学生创业园，指导学生创业。

（3）以创新教育为基础，为学生创业提供实习基地、政策支持和指导服务等综合式创新创业教育模式。如上海交通大学基于"三个转变"（专才向通才转变、教学向教育转变、传授向学习转变），实施"三个基点"（素质教育、终身教育和创新教育）的人才培

养模式。如黑龙江大学建立了课程体系、实践体系、管理保障体系，为学生提供创新创业教育的个性化指导。

这些试点和试验的成功经验，为在全国高校全面推进双创教育起到了重要的示范作用。

三、立足国家发展战略，各方积极推进创新创业教育

2007 年，中国共产党的十七大（以下简称“十七大”）报告明确提出了提高“自主创新能力，建设创新型国家”和“实施扩大就业的发展战略，促进以创业带动就业”的战略方针，在这样的国家战略和政策导向下，高校创新创业教育迎来新的发展时期。2010 年 5 月，教育部颁行《关于大力推进高等学校创新创业教育和大学生自主创业工作的意见》（教办〔2010〕号）。这是第一个推进创业教育的全局性文件。教育部成立了由知名企业家、企事业单位专家、高校教师、有关部门负责同志参加的“教育部高等学校创新创业教育指导委员会”，并建立了高教司、科技司、学生司、就业指导中心 4 个司局的联动机制，形成了创新创业教育、创业基地建设、创业政策支持、创业服务“四位一体、整体推进”的格局。提出要大力推进高等院校创新创业工作，并指出创新创业教育是适应经济社会和国家发展战略需要而产生的一种教学理念与模式。在高等学校中大力推进创新创业教育，对于促进高等教育科学发展，深化教育教学改革，提高人才培养质量具有重大的现实意义和长远的战略意义。创新创业教育要面向全体学生，融入人才培养全过程。要在专业教育基础上，以转变教育思想、更新教育观念为先导，以提升学生的社会责任感、创新精神、创业意识和创业能力为核心，以改革人才培养模式和课程体系为重点，大力推进高等学校创新创业教育工作，不断提高人才培养质量。创新创业教育逐渐融入高校教育体系，并逐渐向科学化、制度化和规范化方向发展；同时，创新创业教育不再是针对少数具有创业潜质学生的技能性教育，而是成为面向全体学生的素质教育、支撑“双创”的重要内容。

创新创业教育的实质是以创新为基础的创业，支持创新者去创业，使创新创业成为驱动经济社会发展的引擎。清华大学依托学校雄厚的科研优势，在面向全校学生创业普及创业教育的基础上，将创业课程体系深度集合在技术创新、技术商业化和高技术产业情境下，聚焦于培养能够提升企业自主创新能力和国际竞争力的技术创业人才。中国人民大学通过课堂扩展将创业课程教育与创业实践教育结合起来，以提高学生的整体创业能力和素质；上海交通大学自 1999 年开始，就持续推进创新创业教育，并积极探索构建研究型大学创业教育模式，自 2002 年被列为全国首批创业教育试点院校之后，2009 年，上海交大又成为上海首批创业教育试点高校；深圳清华大学研究院成立创新创业学院；浙江大学携手百森商学院和里昂商学院，联合创办了以全球化人才培养为特征的“全球创业管理”硕士研究生项目。

四、中国“大众创业、万众创新”理念走向世界，高校双创教育走向深化

国家经济社会发展的方针指引和教育部门的政策指导，使高校双创教育逐渐走向深化。

（一）十七大提出“实施扩大就业的发展战略，促进以创业带动就业”的战略方针

十七大报告强调要“完善支持自主创业、自谋职业政策，加强就业观念教育，使更多劳动者成为创业者”。在“以创带就”政策导向下，高校创业教育立足于就业这样一个最大的民生问题展开，围绕社会和谐与政治稳定，将“自主创业”作为灵活就业的两个方式（另一个为“自由职业”）之一，千方百计解决大学生就业问题。随后，教育部先后出台了各项政策，以深化高校创新创业教育和实践育人为目的。2012 年 8 月，教育部印发《普通本科学校创业教育教学基本要求（试行）》（教高厅〔2012〕4 号），对创业教育的教学目标、教学原则、教学内容、教学方法和教学组织进行了整体规划和顶层设计，推动了高等学校创新创业教育的科学化、制度化、规范化建设。同年，教育部等部门制定了《关于进一步加强高校实践育人工作的若干意见》（教思政〔2012〕1 号），明确指出，高校实践育人工作是全面落实党的教育方针，把社会主义核心价值体系贯穿于国民教育全过程，深入实施素质教育，大力提高高等教育质量的必然要求。

（二）2015 年《国务院政府工作报告》明确将大众创业、万众创新和增加公共产品、公共服务作为驱动经济发展的“双引擎”

2015 年《国务院政府工作报告》明确指出：大众创业、万众创新既可以扩大就业、增加居民收入，又有利于促进社会纵向流动和公平正义。个人和企业要勇于创业创新，全社会要厚植创业创新文化，让人们在创造财富的过程中，更好地实现精神追求和自身价值。此后，大众创业、万众创新的浪潮在中国迅速兴起。这一阶段，高校创新创业教育已经由“以创带就”拓展为以大众创业、万众创新驱动经济社会发展，创新创业教育的实质拓展为以创新为基础的创业，支持创新者去创业，使创新创业成为驱动经济社会发展的引擎。

（三）2015 年 5 月，国务院颁行《关于深化高等学校创新创业教育改革的实施意见》

国办发〔2015〕36 号文件站在国家实施创新驱动发展战略、促进经济提质增效升级、推进高等教育综合改革、促进高校毕业生更高质量创业就业的高度，明确了深化高等学校创新创业教育改革的指导思想、基本原则、总体目标，提出了 9 项改革任务、30 条具体举措。由国务院发布文件，推进深化改革，标志着中国高校创新创业教育进入了在国家统一领导下深入推进的新阶段。

在实施意见中，进一步提出了实施创新引领创业、创业带动就业，以推进素质教育为主题，以提高人才培养质量为核心的创新创业教育。到 2020 年建立健全课堂教学、自主学习、结合实践、指导帮扶、文化引领融为一体的高校创新创业教育体系，人才培养质量显著提升，学生的创新精神、创业意识和创新创业能力明显增强，投身创业实践的学生显著增加。

所有这些要求，都把学生实践活动、创新创业教育从一种具体教育形式上升到国家对于高等教育改革发展的迫切期待，这种期待饱含着国家急切改变高等教育培养拔尖创新人

才能力的不足、高等教育与经济社会文化发展结合不够紧密，学生创新精神、创业意识和创新创业能力薄弱的强烈愿望。

（四）2017 年 4 月 27 日，联合国大会通过设立“世界创意和创新日”决议

“世界创意和创新日”决议将每年 4 月 21 日指定为世界创意和创新日，并呼吁各国支持大众创业、万众创新。该决议指出，创新对于发挥每个国家的经济潜力至关重要，呼吁各国支持大众创业、万众创新，这将为各国实现经济增长、创造就业凝聚新动力，为包括妇女和青年在内的所有人创造新机遇。中国“双创”理念写入联合国决议，显示了创新作为推动可持续发展重要动力已获得广泛国际共识，中国方案再次为全球问题贡献智慧，其根本原因是中国提出的这一理念与创新日这一主题非常契合，得到许多国家特别是发展中国家的认可。这些国家认为，在当前世界经济复苏乏力的大环境下，“大众创业、万众创新”对于促进经济发展、增加就业起到了重要的引擎和推动作用。

第二节　高校创新创业教育的发展趋势分析

一、世界高校创新创业教育的发展趋势

（一）创业型大学的崛起，大学职能开始拓展

创新理论催生了创业行为，而最适合新思想生存发展且有充分创业资源的场所就是大学，尽管大学各有其独特的目标和具体过程，但是它们都紧紧围绕教学、科研和社会服务三大核心职能进行发展。

随着知识经济时代的到来，大学如何改变传统观念，发挥自身在知识生产和知识应用中的轴心作用，是大学必须作出回答的一个重要问题。大学的职能正在扩展，从传统的教学与研究到鼓励创业精神和行为、组织创新创业教育、开发产业等，是新形势下大学职能的重大变革，这一变化是一个符合逻辑的、主动适应外部挑战所做的积极响应。

学科、专业的结构特征和运行状况从根本上决定了大学的组织特性和创新创业教育模式。在当今全球化经济和社会发展的形势下，大学正在改变原有的科学研究、教学、社会服务职能的运转机制，进行适应性变革，在不断变化的环境面前寻找一条适宜自己生存的道路。随着战后创业相关课程在美国大学商学院的陆续开设，早期的创业型大学也迅速发展起来。自 20 世纪 80 年代起，创新创业教育在美国大学中走向成熟，创业型大学也大量涌现。大学开始广泛参与到各种经济活动中，频繁而密切地与产业界联系，出现了如研究中心、孵化器、R&D 联合体、技术转让中心等一系列辅助科技创业的机构。创业活动最突出的大学，如斯坦福大学、麻省理工学院，其创新创业教育也在全球名列前茅。

双创教育正在与大学充分融合，其组织模式已经从传统的、单一的商学院中心的“管理聚焦”模式，向“管理聚焦”与非商学院的“光芒四散”共存的模式转变，形成了全大学范围的双创教育。而作为创业型大学，也需要有高质量的、深入各学院的双创教育作为基础，并结合学校的其他研究、学生组织和资金等资源，构建一个创业网络系统，促进其创业活动可持续地发展下去。

目前，创业型大学一方面通过开发教育课程和项目来促进双创的发展，不断在各相关领域为本科生和研究生增加创业课程和项目，通过在学科中设置创业课程、导师、专业和证书项目让学生对创业有更好的认识和了解。如美国科罗拉多州立大学的创新创业学位项目，为学生开发了多学科团队学习路径。德国慕尼黑工业大学创业俱乐部项目（StartTUM）作为一个集成式的创业教育方式，十分注重创业实践培训，在学生创办企业的整个过程中全程指导创业者，给他们提供以实践为导向、需求为基础的教学内容，融合了不同学科背景的知识。另一方面，创业型大学以各种方式不断提高大学生的创新创业能力，提供实践机会和资源支持，改变了传统教学模式，让学生通过在工作坊、实习岗位等真实情境中参与和开展创新创业活动。例如美国伊利诺伊州立大学成立了专利诊断中心，向法律专业的学生提供撰写专利申请的机会。威斯康星大学麦迪逊分校通过"创业得力"项目帮助学生向富有经验的年轻创业者学习。日本工业大学在大学生创新创业教育培养中非常注重创新成果的转化与应用，鼓励教师在学校建立中小型创业企业，为师生在校园内开办企业提供工厂，师生可以共同参与到产品创新与企业生产中，在实际创办企业的过程中为大学生提供双创场所，培养双创能力。

（二）全球创客运动蓬勃发展，为高校创新创业教育提供了新契机

创客教育是一种融合信息技术，秉承"开放创新、探究体验"教育理念，以"创造中学"为主要学习方式和以培养各类创新型人才为目的的新型教育模式。创客运动与教育的结合与碰撞已是必然，"创客教育"正在为教育的创新发展另辟蹊径。

当前，创客教育不仅在美国、英国和加拿大等发达国家开始风行，包括我国在内的很多发展中国家也逐渐意识到创客教育对高校双创教育的战略价值和实际意义，正在开始积极推动创客教育，来担负培养大批创新人才。2009 年，美国白宫启动"创客教育计划"（Maker Education Initiative，MEI），该计划旨在通过推动创客空间的建设以及发展各种创客项目，激发学生的兴趣、信心和创造力，让每个学生都成为创客。同时，美国的创客教育正在试图将学校内教育与学校外教育连接起来，构建无所不在的创客空间，为所有学生发挥创意提供公平的机会和自由的环境。美国新媒体联盟（NMC）与美国高校教育信息化协会（Educause Learning Initiative，ELI）合作支持下，来自 17 个国家的 56 名专家研究成果汇集的《2015 地平线报告高等教育版》显示，创客教育将给高校教师的教与学生的学带来深刻变革，未来 2~3 年内，用于创客教育的创客空间（Maker Space）将会在众多高校中得到采用。

由美国引领下的全球创客教育运动正在兴起，而且表现出良好的发展态势。美国高校通过多种方式推进创客行动。2014 年 10 月，亚利桑那州立大学主办了由美国知名高校负责人参与的全美高等教育创客高峰论坛，讨论美国高校如何更好地参与创客行动，并在会上推介值得借鉴与学习的高校创客行动案例。研讨内容包括：探索如何将创客行动整合于现有的高校学位课程中；如何开发或支持当地创客空间的建设；如何在高校招生过程中将学生的创客经历、创造能力纳入入学考核内容；如何拓展、深化高校与本地创客的交流；如何更有效地支持本地社区更好地参与创客行动。参会者还可以直接加入创客工作坊，实际体验、参与创造过程以及创客行动规划过程。另外，美国高校也积极通过校际交流协同推进创客行动。比如，众多高校利用由美国国家科学基金资助建设用于支持高校跨学科联

合创新的分享与交流平台，分享创客成果、创客行动案例并协同推进创客项目。

创客运动不仅可以充分激发人们的创新潜质，解决人类共同面临的社会问题（如气候变暖、环境污染、食品安全、恐怖主义、种族冲突等），还有助于创新文化的普及，带给民众更多积极向上、友好协作、开拓进取的正能量，促进社会繁荣。创客教育将推动人才培养模式的加速转型（从标准化转向个性化，从单一化转向多元化），培养大批“实战型”科技创新人才，为创新型国家建设提供人才支撑。

（三）建设生态系统，协同发展创新创业教育

高校双创教育并不局限于单一的学校组织层面，而是高校内部和外部各组织和要素之间动态互动的实践活动。近年来，世界各国高校双创教育都积极建设“创业教育生态系统”，尽管它们的表现形式不同，但究其本质都是协同各个组织和要素，共同发展双创教育。

德国慕尼黑工业大学既是全球知名和德国顶尖的研究型大学，也是较早将自己明确定位为以市场为导向的创业型大学。20 多年来，该大学依据自身学科特点，不断加强和完善创业支持机构、创业研究、创业网络、创业文化等要素，逐步构建了具有自身特色的创业教育生态系统，通过从生产者（课程体系）到分解者（机构组织）再到消费者（行业）的演进，并在催化剂（学生活动）作用下，实施整个初创公司孵化过程，最后通过消费者的信息反馈到生产者，完成整个创业教育生态系统的正常运行。

斯坦福大学则通过建立创业网络（Stanford Entrepreneurship Network，简称 SEN）来形成自己的资源整合平台，构建创业教育生态系统。2007 年正式启动，将校内 16 个创业相关组织联合起来，这些组织在创新创业教育和实践中的职能和性质不同，旨在为斯坦福的各种创业项目提供一个共同的平台组织，为斯坦福师生、斯坦福社区、硅谷以及世界范围内与斯坦福创业有关的人员和组织提供服务。其主要职责有：为斯坦福所有创业相关活动提供网络门户；主持整个创业社区的教育和网络构建事件；组织斯坦福大学的年度创业周刊庆典；组织“创业教练热线”办公室，使学生可以与行业专业人士交流。为有创业相关需求的人提供了一个一站式的“全斯坦福创业”链接，促进各组织间的交流与合作，在斯坦福内外促进跨学科的创业教育和研究，整合了整个斯坦福的创业相关资源。

二、中国高校创新创业教育发展趋势

（一）顶层设计、政策驱动与自下而上的创业精神并举

2010 年以来，国家和教育部门的政策导向大力发展了高校双创教育。党的十七大提出了“促进以创业带动就业”的发展战略，明确指出要“完善支持自主创业自谋职业政策，加强就业观念教育，使更多劳动者成为创业者”。在这一政策背景下，教育部先后颁布了一系列推进高校创业教育的文件。随后教育部成立“高等学校创新创业教育指导委员会”，这是一个涵盖企业家、企事业单位人员、高校教师和相关部门的专家组织，在教育部领导下，对高校双创教育工作进行研究、咨询、指导、评估和服务的专家组织，其主要职能是：

（1）组织开展创新创业教育的理论和实践研究。

（2）指导高校创新创业教育的课程建设、教材建设和创业实践活动。

（3）组织开展创新创业教育师资培训、经验交流，宣传推荐创新创业教育优秀成果。

2014 年 3 月，教育部建立 4 个司局（高教司、科技司、高校学生司和就业指导中心）的联动机制，形成双创教育、创业基地建设、创业政策支持、创业指导服务“四位一体、整体推进”的格局。

作为“大众创业、万众创新”政策的重要组成部分，双创教育的发展进入新的阶段。双创教育的环境得到进一步改善，政策支持力度也进一步加大，各高校都深入教学改革，双创课程、双创学院等形式不断多样化，把学生双创教育归入人才培养方案中，形成特有的大学生双创教育课程体系，使大学生双创的意识得到激发，提高大学生创新精神和创业能力。

与此同时，企业家精神成为高校创业者的原始力量。他们通过开放社区、创客空间、创意集市、众创平台，聚在一起结成创客联盟、创客联合会等，在其中分享创意、参与创造和交流思想。而这些社群都是高校学生创客们自发组织的，是一种兴趣群体。

高校创客空间概念宽泛且多样化，为创新创意转化和创业孵化提供集成平台，各高校的双创教育设施和空间各具特色，例如：四川大学正在进行智慧教学环境的改造，打造智能化、小班化教室；中国石油大学（华东）也在打造类似的“互联网+”教室设施；中南大学尤其重视创业培训，校内建有创业培训教室、模拟实训室、创业项目路演室等多类型创业教育空间；清华大学整合社会资源，重点打造“兴趣团队”“创+”“iCenter 创客空间”和“x-lab”等三创教育平台，同时还开拓国际优质教育资源，开展多项中外合作项目；大连理工大学提供了创业孵化基地、π 空间等场地供学生创业企业无偿使用，每年投入百万元创业引导资金，实行多种优惠政策。

这些创业教育空间生成和激发了校园创客文化，学生在创建的创客空间基础上开展多样化创造活动，以开放、合作和共享的方式主动参与到创新创业活动之中，形成一种内生的、自下而上的双创精神。

（二）创新创业教育模式多元化，科研训练计划与创业项目相互融合

2012 年 2 月，教育部发布《关于做好“本科教学工程”国家级大学生创新创业训练计划实施工作的通知》，成立国家级双创训练计划专家工作组，指导开展“创新训练”“创业训练”和“创业实践”三类计划内容，在创新训练和创业训练基础上开展创业实践活动。

在系列政策推动下，高校双创教育发展走向纵深，按照“兴趣驱动、自主实践、重在过程”的原则组织实施了“国家级大学生创新创业训练计划”。“十二五”期间，全国共有 117 所中央部委所属高校和 710 所地方所属高校参与该计划，中央、地方和高校对近 8 万个项目进行了资助，覆盖 12 个学科门类，投入经费近 14 亿元，参与学生近 22 万人。投入大、覆盖面广，在提升大学生的创新意识和创新能力方面取得了积极成效。

各高校通过形式多样的项目，积极支持学生参与科学研究，构建了国家、省、校三级双创训练组织体系，充分挖掘专业课中的双创教育资源，在专业院系开发依托于某一学科专业或交叉学科的创业课程，建立实践基地与训练体系，如：

（1）上海交通大学创建 800 多平方米的“全球创业创新实验室”，形成了融创业诊断、创业模拟、创业研究和创业苗圃“3+1”功能为一体的双创训练体系。

（2）南京理工大学自 2011 年起，科研训练成为必修课，覆盖了所有在校本科生，每年完成 1300 个训练项目。

（3）浙江大学自 1999 年开始就把创业人才培养作为教学改革的重要内容，通过四大支撑体系的建设，依托浙江大学在科技创新、人才资源、成果转化平台和创业基地等创业生态建设方面的优势，不断变革创业教育的组织体系，探索出了以“IBE”（Innovation-based Entrepreneurship，以创新为基础的创业）为导向的双创教育体系，并提出 IBE 人才培养三大模式——“工科专业+创新能力+创业素质”的综合型培养模式。把 IBE 的人才培养作为基本方向，依托浙江大学学科综合和工程学科的优势，面向工科学生培养其创业素质和能力；把企业家精神融入教育教学活动全过程，鼓励学生关注战略性新兴行业领域的技术型创业；依托浙江大学国家大学科技园、工业技术研究院等，搭建好创新和创业平台，推动学生实现科研成果的转移转化；借助师生的 IBE 活动，助推学校人才培养和科技成果产业化模式变革，进而建立基于创新的创业教育生态系统与培养模式。

（4）上海交通大学是一所有强烈双创基因的学校，2002 年，上海交通大学等 9 所高校被列为全国首批创业教育试点院校。2009 年，上海交通大学成为上海首批两所创业教育试点高校之一。近些年，学校注重将高水平的科研反哺高水平的人才培养，着力把一切办学优势转化为育人优势。学校致力于构建“一体两翼”的研究型大学双创教育模式，坚持“面上覆盖”与“点上突破”相结合，坚持创新引领创业、创业带动就业、推动科技成果转化。2016 年，全校开设各类双创类课程 72 门，受益学生近 4000 人。

（三）产学研协同创新的创新创业教育体系已经初步形成

高校具备的科研优势、学科门类综合优势、培养创新创业型人才的技术研究和科技创新优势等特征决定了其培养基于知识的双创人才优势。大学承担着大量的国家、省部委和企事业单位的科学基金项目、各类科技计划项目与技术开发项目，这是产生创新技术、工艺和产品的主要源泉。

目前已经构建国家、省、校三级双创训练体系。大学生双创训练计划带动了 117 所中央部委所属高校和 710 所地方所属高校参与，中央、地方和高校对近 8 万个项目进行了资助，投入经费近 14 亿元，参与学生近 22 万人。以 2012 年和 2013 年为例，参与项目的学生总数达 196827 人，创新项目数 45004 个，创业项目 8323 个，投入经费约 10.32 亿元，无论从参与学校和学生覆盖面，还是地方政府财力支持，都掀起了大学生双创教育新一轮的高潮。

高校双创教育的优势还体现在许多国家级的重点实验室、研发基地/中心、大学生创新基地都在大学内，这是科技创业者首先要实现知识创新或技术创新的硬件条件。根据 2014 年 486 所本科高校教学状态数据库显示，累计建有 58169 个基地，每次可接纳学生数 266 多万人，当年实际接纳学生 230 万人次。如果按全日制普通本科在校生数估计，平均 36.82%的在校生有机会到实践基地参加各类实习。

政府与企业共同助力双创教育发展，资金与项目支持并举。在高校大力发展双创教育的过程中，政府及企业对各高校在资金投入和项目孵化上均有一定支持，据统计，2010~2013年，国家大学科技园固定资产净值从8.21亿元增长到53.72亿元。截至2013年，国家级大学科技园总产值为144.61亿元，总收入为262.06亿元，净利润总额达到17.12亿元。2010~2013年，在国家科技园孵化企业数量由6617个增加至8204个，累计孵化出的企业由2010年的4363个增加为2013年的6515个。这些都为产学研协同创新的双创教育体系的建立提供了有利条件。

第二章

中国高校创新创业教育的现实问题与发展路径

第一节　中国高校创新创业教育面临的现实问题

一、对高校创新创业教育的本质理解片面化

对双创教育本质的理解决定了其价值的基础性和未来性，高校将双创教育置于何种地位以及对其的目标定位，关乎双创教育的可持续发展。

当前，我国高校对双创教育的本质理解仍然处于缺位状态。这种缺位状态主要是片面化理解双创教育的内涵，功利色彩浓厚。普遍存在的观点认为高校双创教育就是把学生培养成创办企业、公司的自主创业者，而不重视对大学生在未来就业岗位上创建新事业的意识和能力的培养。

不可否认，双创教育是有其经济价值的，国外关于创业教育与经济发展的研究表明，创业教育能够积极促进经济发展。创业教育通过介入创业精神培育与创业活动实施，进而对经济发展、社会结构变迁和福利改善有着积极的作用。但同时，双创教育发力人才培养应该落在“企业家精神”这一核心要素上，这是一种思维、推理和行动方式，核心是创造、识别以及把握机会的能力。企业家精神作为经济增长的重要因素越来越受到国内外学者及政策制定者的重视，对其影响因素的研究也持续深入。通过双创教育，使大学生能像企业家一样去思考、富于创新精神，具备将来从事不同职业所需的知识、技能和特质。

因此，双创教育的非功利性战略目标是使受教育者具有创业意识、创业个性心理品质和创业能力，以适应社会的发展和变革，而不再以岗位职业培训为内涵，或以企业家速成为导向。

二、对高校创新创业教育的定位呈现“边缘化”

双创教育的“边缘化”是相对于学科专业教育的“主体化”而言的，主要体现在以下两个方面：

（1）这种边缘化体现在受众人群上。显示出部分高校忽略了对于大学生群体双创文化的培育，而是将双创教育视作少部分具有创业意愿和创业理念的学生的培养工作。比如，很多高校采取“精英式”创新创业教育模式，以少数大学生创业实践的成功来评价学校整体创新创业教育的成效，这种做法显然是有失偏颇的。

（2）这种边缘化体现在教育体系上。表现出高校未能将双创教育融入人才培养体系，融入教学课程体系，贯穿高等教育的全过程，因而在机制上很难建构起完整的双创教育体系。一般的观点认为，双创教育就是与学科发展完全不同的路径，这导致当前的创业教育

过度偏重大学生创业实践能力的培养，弱化了双创教育促进国家创新型人才培养的基础性功能。双创教育在指导思想上忽视了基础性和全面性的功能，因而对大学生进行双创能力培养的实效性不足。

三、对高校创新创业教育的课程群构建不足

课程是高校双创教育的重要载体，课程设置的科学性和系统性直接关系着双创教育实施的效果。教育部印发《关于做好2016届全国普通高等学校毕业生就业创业工作的通知》中明确提出，从2016年起所有高校都要设置双创教育课程，对全体学生开发开设双创教育必修课和选修课，纳入学分管理。

目前，大多数高校开设双创教育类课程，且超过半数高校开设必修课和网络课程，但是双创教育在我国大学整体教学计划中没有得到更多的贯彻和支持。目前多数高校的双创教育课程存在以下两个主要问题：

（1）课程设置未成体系，数量有限且种类单一，无法与专业课程的学习紧密结合。这是一个非常典型的问题，学校已有的双创课程没有形成有机课程群，仅仅由零散的几门课程拼凑而成的，部分高校仅仅是在已有的课程体系中，加入双创教育相关课程作为补充，以适应那些希望了解并选修创业教育课程的学生的需要。

从纵向来看，课程之间缺乏前后相接、层层递进关系。

从横向来看，双创课程多集中在管理学院或商学院，其他文科、工科和理科院系参与度不足，专业教育与双创教育的界限难以跨域，学生双创知识的宽度与广度难以拓宽。

从整体结构来看，理论课程和实践课程比例失调，学生的实践能力未得到充分训练，使学生在理论知识和具体实践上很难形成有效对接。

（2）从内容来看，创新创业教育的课程内容基本游离于“传统学科教育”之外，并且大部分双创教育的科目少、课时短和学分低。这些一方面不能有效地提高学生的双创知识和技能，一方面也影响到了学生学习和创业的积极性。

如何将双创教育与专业教育相结合，将新创业教育理念应用到每一个学科、每一个课程中，贯穿整个教学过程是目前国内高校的巨大挑战。

四、对高校创新创业教育的组织管理专业度不够

高校双创教育的开展需要高校内部和外部的统一协同工作，需要专门的管理机构实施管理、联络和资源整合。专门的双创教育管理机构以及机构之间的通力合作是确保高校双创教育的顺利开展和常态化运行的前提条件。

一般来说，国外高校成立了专门的创业教育管理机构，来推进了双创教育的有序运转。如麻省理工学院在斯隆管理学院下设创业中心，整合创业的理论和实践双轨教育，负责创业教育的教学与发展，致力于开展创业管理、创业投资、创业政策等方面的教育和学术研究，在麻省理工学院双创教育组织机构中居统摄地位。另外，设有创业服务中心、技术许可办公室等，这些机构通力合作，形成一个相互联结的有机网络系统，共同促进麻省理工学院创业教育的发展。

目前我国大部分高校虽然设立了双创教育的主管部门，但主管部门与校内其他教育教学管理部门、学生管理部门以及高校外部组织如企业之间的协同合作情况并不理想，这些

部门大多依托学校学生处、就业处、团委、教务处、商学院等部门或学院，以兼职管理为主。如果以创业学院、双创教育学院、创业人才培养学院等形式组建从事双创教育的专职管理部门，并有专人负责管理，就会更有利于双创教育的全面深入开展，这种专职管理部门可以集教学、管理、科研和学科建设于一体，可以实行实体二级学院和职能管理部门的双重职能。

组织管理的专业度不够和专门化不足，导致难以在校内开展长期有效的双创教育活动，带动双创教育的整体氛围。

从政策与资金支持方面来看，目前学校建设高水平的双创教育设施以高校自身投资和政府支持为主，尚未与企业建立良好的、长期的合作关系，企业和其他社会组织等机构的合作投资比例较低。因此，很多大学生在进行创业时，获取资金支持难度较大，导致没有得到更多创业条件的优化。双创教育管理的组织专业度不够或专门化不足，就会出现定位模糊，导致相关部门职责冲突、权责不对等。从一些高校所设立创业学院来看，定位有实体和虚体、部门和二级学院、合署办公等模式，有些学校是归属学工口，有些学校是归属教学口，有些是靠兼职人员管理或少数几个专职人员，这自然难以充分有效发挥双创教育管理的职能，也难以取得好的效果。

五、对创新创业教育与专业教育的关系不明

专业教育与双创教育是大学教育不可或缺的两个方面。当前高校双创教育与专业教育却各自为政，互不衔接，造成双创教育脱离专业教育体系而独立运行的现状。

从教育目标的角度来看，与专业教育的目标相同，双创教育也是为了培养人才，而两种类型的教育内涵和达成目标的路径却是不同的，可谓是“殊途同归”。后者应该是大学生接受双创教育所获得的，以创新能力为核心的综合素质提升和职业精神培育的高等教育人才质量来判断成效；而前者则是通过学生通过学科知识的传递、研究和生产所获得的，以理论知识的获取、科学研究能力的培养为核心的学科素养提升的高等教育人才质量来判断成效。

由于对两种形式的教育之间的关系不明，使双创教育常常脱离于高校人才培养方案之外，形成了双创教育与专业教育“两张皮”的状况。专业教育是学生创业意识、创新精神与创新创业能力培养的重要载体。许多高校在双创教育的课程设置上出现了偏差，脱离于专业人才培养方案之外，将双创教育等同于单独存在的实践课，忽视了与专业课程相融合的创业课程的开发与应用，导致双创教育与专业领域缺乏知识的共享与融合。

第二节　中国高校创新创业教育的发展路径

一、建立健全高校创新创业教育的生态系统

2015 年 5 月，国务院办公厅印发了《关于深化高等学校创新创业教育改革的实施意见》，明确提出把完善高校双创教育体制机制作为深化高校双创改革的支撑点，提出集聚双创要素与资源，统一领导、齐抓共管、开放合作、全员参与，形成构建大学创业生态系统中必须遵循的主导性原则。建立高校双创教育生态系统，主要有以下 3 种需要：

（1）需要专业化的师资队伍。双创教育具有实践性、综合性和跨学科性等特征，既需要来自不同学科专业的教师之间协同合作，还需要校内不同部门的配合，同时也需要与政府和产业界等社会组织形成开放、互动机制，引入第三方力量进入教学队伍中来。参与创业相关工作或在创业一线的教师教授双创课程，在创新创业课堂中融入研究的第一手资料，为本科生和研究生提供涉足双创前沿知识的机会，很大程度上填补了双创教育的师资力量和知识结构。企业具有大量丰富创新、创业实践和经验的研究人员和技术能手，他们是大学生创业实践的最好导师，是高校开展创业教育的宝贵资源。此外，教师有无参与企业创建等经历也要作为双创教育师资聘用、考核和晋升的重要参考依据，才能极大地调动教师投入双创教育的积极性。

（2）需要适合创新创业教育的课程体系。课程教学、课程体系是高校践行创业教育的最基本、最重要的载体之一。据调查，在我国107所“211”工程高校中，仅有41所高校开设了创业相关的课程，而且很多高校提供的课程非常有限，甚至仅仅局限于一门《创业管理》或《大学生就业与创业指导》课程，很难满足大学生创业理论学习和创业技能训练的需要，学科理论与双创实践之间的壁垒尚未打破，未能形成理论联系实践的联动机制。据此，教育部印发《关于做好2016届全国普通高等学校毕业生就业创业工作的通知》中明确提出，从2016年起所有高校都要设置双创教育课程，对全体学生开发开设双创教育必修课和选修课，纳入学分管理。这正是对我国高校目前双创课程体系的建设提出了明确的要求。

双创课程设置需要跨越专业教育和双创教育的鸿沟，体现了学科之间的相互渗透。打破课程仅限于理论传授的固化思维，建立理论类课程、实践类课程和项目类课程，突出强调从做中学，符合双创教育要求“实践模拟”的特点，全方位地培养学生的双创综合能力。

（3）需要建立高校与产业界的合作关系。有了这种需要，就可以为双创教育搭建实践平台。双创教育自身的“实践导向”决定了它不仅仅是大学一家的事情，还需要得到社会、企业等外部创业支持机制的支持，为此国务院办公厅于2017年发布《关于深化产教融合的若干意见》。但从目前的情况来看，即使是高校已经建成的实验室，也缺乏与外部的企业和社会形成一体化的培养机制。在高校与产业界的合作机制中，学校的优势在于理论知识系统的培养，而产业界的优势在于更多关注知识的实际的、快速的应用，如果高校所培养的学生无法进入产业界进行“情境学习”，那么学生在课堂中所学的创业知识则难以适应“实战”。从全世界角度来看，大学与企业界的合作研究已经开始大量增加，大学衍生企业也呈现迅猛发展的态势。校企合作所体现出的积极成效充分地说明：在国家创新驱动的系统中，大学正在发挥越来越重要的作用。

二、深度融合高校创新创业教育与专业教育

当前，基于学科基础的专业教育是我国高校人才培养的主渠道，专业教育以学科知识发展逻辑为主线，偏重理论教学与基础研究。双创教育所需要的知识与学科知识相比，最大的不同在于前者来源于实践又丰富实践的特征，这种知识的组织结构和呈现方式既有课程和课堂教学，又有实践教学和体验活动，需要培养学生不断学习的能力，发现问题并提出解决方案的能力和根据方案进行实践的能力。实质上，双创教育与专业教育的目标是一

致的，都是为了更好地育人，提高学生的综合素质，促进学生的全面发展，适应社会和行业需求。

高校双创教育如何与专业教育深度融合？双创教育的本质是激发全体学生的创新精神和创业意识，其功能是分层分类地培养不同类型学生的创业知识与创业能力。然而，以培养自主创业者为理念的双创教育在操作层面过于偏重实践领域，大多停留在鼓励大学生参与创业实践活动而忽略了学科知识和课程实施的主战场，使得学生的创业活动显得“激情有余”而“储备不足”，无法全面而持续地对全校学生发挥应有的作用。据美国高等教育研究协会（ASHE）对2009年发布的高等教育报告中指出，大学生获得创业教育的最佳途径在于通过跨学科教育模式某种能力应该通过从事需要这种能力的活动来获得。换言之，创业能力的培养不应游离于学科课程之外，培养创业能力所需的与其说是一门新的独立研究领域，不如说是对学科教学过程中学科知识的一种“重构”或“再组织”。双创教育中的知识是一种实践性知识，与传统的脱离具体应用情境的纯粹知识的生产方式不同，即属于在应用的情境中进行的知识生产，其特征包括跨学科性和异质性，强调实践情境。这种应用型知识的生产不再是基于知识逻辑本身，而是基于纯粹实践目的和基于应用问题解决，这就是大学双创教育的知识生产脉络。正是基于这样一种对知识类型和生产模式的认识，我们需要开放专业之间的边界和壁垒，以社会需求为导向，使得专业发展与学科建设紧紧围绕社会实践逻辑和各类产业发展的现实情况，走学科融合、专业动态协调的发展路径。

因此，双创教育融入专业教育的战略视角就包括了以下两个基点：

（1）通过双创教育更好地推进高等教育自身改革，关注社会需求，深刻理解产业发展难题，重新整合专业教育知识体系和改革教学模式，提高教育教学质量。

（2）通过双创人才培养来推进创业型经济发展和创新型国家建设。

三、科学构建分层分类的高校创新创业教育新体系

构建分层分类的高校双创教育新体系，是从双创教育的知识生产本质出发的。新体系一方面要求最大限度地使双创教育面向全体学生，扩大双创教育的受益面；另一方面要根据不同学生群体的不同学习能力和学习需求，实现双创教育的个性化与精细化。

从分层方面看，有以下几方面内容：

（1）通过通识教育、创业文化、创业理念来传播、培育全体学生的创业精神与创业意识。对于低年级的大学生而言，存在资源、经验等诸多条件的限制，而刚毕业的大学生自主创业的比例虽然比较低，但是已经具备初步的职业规划和发展路径，分层是为了更好地拓宽双创教育的受益面。高校的双创教育应引导大学生树立双创教育发展新理念，在未来的就业岗位上“用创业的心态、创新的思维对待工作”，把创业与人的终身发展联系起来，与个人事业的成长联系起来，与大学生的职业生涯联系起来。

（2）通过众创空间、创客活动、创业大赛等形式丰富的双创教育活动来培养和挖掘兴趣学生的创业潜能；通过孵化区、园区、实训营等提升创业学生的创业实务。

（3）通过创业课程、特色班级等发展意向学生的创业知识和能力；双创课程的组织是双创课程的内在需求，要充分考虑学生接受水平的速度与能力。不同的阶段，学生的认知水平不同，对于同一创业知识会产生不同的见解。

从分类方面看，以新兴产业创业为导向，针对不同专业行业类别、不同学生类别实施不同的创业课程与创业实践，遴选一批实践性和学科交叉性较强的专业，以促进双创教育与专业教育深度融合为导向，从课程体系、教学理念、教学内容、教学方法、教学评价、师资队伍、实习实践等多个环节进行系统性改革，对已有的学科专业与课程体系进行结构调整，挖掘并充实各类专业课程的双创教育资源，建设依次递进、有机衔接、灵活机制的双创教育课程模块组合，通过各种专业类创业课程的学习和多渠道创业实践的锻炼培养大学生的专业创业意识、专业创业能力和专业创业实践经验。使文有创意，理有创新，文理结合有跨学科应用，形成多元化的创业项目布局。

四、以地方经济需求为导向的高校创新创业教育

推动高校双创教育的一个重要方面，就是要充分发挥好其服务地方经济发展职能。

（1）高校要走出去，主动适应区域经济发展、产业升级和技术进步需要。以社会和市场需求为依据，以地方经济的主导产业和支柱行业为依托，建立双创教育的优势学科，与地方企业合作，发挥自身科研优势，实现高校与区域产业的有效对接。

（2）高校创新创业教育要紧扣地方经济发展需要培养创新人才。大学是引领社会进步和区域发展的人才高地和创新人才培养集散地，通过双创教育积极打造高水平高层次平台，与企业共同建立科技园、实验中心或创业实践基地，承担地方科技攻关项目，以产学研相结合的方式服务地方经济发展。

（3）要加强高校与地方企业技术人才的交流。如桂林电子科技大学从2006年开始精心实施“科技特派员”制度，至今选派了6批骨干教师、干部到自治区各市政府机关和各大企业挂职。从实践看，挂职教师和干部能很好发挥自身的专业特长，融入各项工作中，发挥了重要作用。

服务地方经济将成为高校双创教育的努力方向，这种导向不仅使高校双创教育有了具体的落脚点，明确了创业教育的发展方向和社会需求所在，通过科研以解决地方产业发展中出现的实际问题，以提高企业的发展水平为目标，同时高校还可以根据地方产业发展需要及时调整学科和专业设置，或者课程体系和教学方式，为产业发展“精准”培养所需人才。

第三章

创新创业教育的大视野——开源新生态

高校双创教育和双创活动发轫于高校，但不囿于高校。我国高校双创教育经过了从无到有、从零散走向系统的过程，2017年的高校双创教育已亟待转型升级。高校双创教育和活动无论是从人才端、项目端、资金端、产业端等端口，还是从政府、高校、社会、行业组织、乃至家庭、个体等创新主体，甚至是从双创的理论教学、双创的实践环节等各活动载体等，都需要进行在原有基础之上的开源建设，构建新的双创生态系统。梳理总结高校双创生态链上的各个要点，理清思路，以期建立双创的新生态，让双创教育真正承担起“高等教育突破口”的职责。

第一节　发展态势与新理念——开源的根基

一、高校创新创业教育的发展态势

经过近年探索与发展，我国高校双创教育与实践取得了长足进展，政府、社会、高校等主体层面上均有诸多突破性的举措。2017年的高校双创教育呈现出新的发展态势简述如下。

（一）国家加大政策供给

2017年，国务院先后发布了《国务院办公厅关于建设第二批大众创业万众创新示范基地的实施意见》《国务院关于强化实施创新驱动发展战略进一步推进大众创业万众创新深入发展的意见》《国务院办公厅关于推广支持创新相关改革举措的通知》3个文件，突破阻碍双创发展的政策障碍，进一步加大支持创新的力度、系统性优化双创生态环境，在更大范围、更高层次、更深程度上推进大众创业万众创新，持续打造发展新引擎。

（二）供给侧结构性改革，培育融合、协同、共享的双创生态环境

各级各地政府和社会组织以推进供给侧结构性改革为主线，深入实施创新驱动发展战略，进一步培育融合、协同、共享的双创生态环境。

2017年，各高校配合教育部根据《教育部办公厅关于建设全国万名优秀创新创业导师人才库的通知》，完成了首批导师遴选入库相关工作，共确定4492位导师为首批入库导师。教育部希望各高校充分利用全国万名优秀双创导师人才库资源优势，切实发挥入库导师作用，不断提升双创教育工作水平，全面提高人才培养质量。另外，教育部还进行了全国第二批深化双创教育改革示范高校的认定工作；组织开展了第三届“互联网+”大赛，并将大赛与扶贫攻坚、红色教育有机结合，取得了非常好的社会反响。

各类社会公益组织和民间团体或协会也开展了众多的双创教育支持支撑活动。比如首批由137所高校和50家企事业单位、社会团体共同组成的中国高校创新创业教育联盟在本年度召开了首届“中国高校创新创业教育联盟年会”，在完善双创教育体系、汇聚双创合力、探讨双创教育重点领域和关键环节的突破改革方面进行了有益探索。该联盟在2017年度还重点在双创教育“互联网+”资源共享平台建设、“百城千校”计划建设、教育部万人导师库建设及师资培训、区域联动的双创大赛组织等方面做了诸多工作。

2017年，厦门大学联合国内一批高校，共同发起成立全国大学生创新创业实践联盟，旨在深入探索高校双创教育实践教学体系，促进大学生双创训练计划的校际交流合作，推动信息技术与双创实践教育深度融合，以大学生双创实践为抓手，推动联盟成员与社会各界合作，建立产教融合的协同育人新机制。首批有486所高校和4家企业加入联盟。

（三）完善双创教育体系，汇聚创新创业合力

高校坚持育人为本，不断完善双创教育体系，汇聚双创合力。按照国务院办公厅《关于深化高等学校创新创业教育改革的实施意见》中的任务要求，高校双创教育在2017年要取得重要进展。2017年度，各高校不断修订人才培养标准、改革教学育人机制、加强师资队伍建设、强化创业实践训练、构建创业帮扶体系，把双创教育融入人才培养，为建设创新型国家提供源源不断的人才智力支撑。

大学生成为了双创生力军。连续3年举办的中国“互联网+”大学生双创大赛，每一届的报名项目均为前一届的3倍以上，参与人数也在前一届的2倍以上。2017年的第三届大赛参与高校达2241所，团队报名项目37万个，参与学生超过150万人。

课堂创新不断涌现。“课堂+实训”的双创课程体系，已在全国许多高校推广普及，《创业基础》《创业导引》等课程受到学生们的欢迎，各具特色的双创教育体系开始形成。课程的变化，促使教师也要做出改变。各高校通过教学管理与教师考评文件的修订，鼓励教师改变教学与考核方式，加强专职教师技能培训，引进行业师资力量，支持教师离岗参与成果转化或创业。

产学研融合平台的搭建初具成效。我国近两年分两批建设了19个高校国家双创示范基地。以清华大学为例，1.65万平方米的“清华 icenter”已成为全球最大的校园创客空间，每年支持3000名学生开展双创活动。依托科技园和地方创业平台，师生们的双创更加顺利启航，为经济发展和社会进步贡献智慧和力量。

二、高校创新创业教育亟须解决的问题

在前面的章节中已对目前高校双创教育发展的一些问题和挑战进行了阐述。这里从另外的角度进行简要的归纳概述。

（一）思想认识

高校师生包括领导者对双创教育还存在一些误解，认为双创教育是针对少部分、有创业意向和实际行动的学生；以大学生创业实体的数量及其成功与否作为评价双创教育的标准；在双创教育工作中热衷于打造成功的学生创业典型，而忽略了创新教学改革。

总之，很多高校双创教育尚未成为高校整体育人体系中的重要组成部分，而是处于

“正规教育”之外的“业余教育”或“精英教育”。

（二）创新创业教育管理体系

大学生双创教育生态系统框架体系包括双创教育课程体系、师资体系、实践体系、文化体系、孵化体系等。大部分高校的双创教育工作分属于不同的管理部门，由校团委、学生处、科技处、教务处、招生就业处等不同的职能部门分别负责不同的双创教育任务，导致出现“多头领导”的现象，协调统筹困难。虽然近年来出现了学校的双创教育中心、创业学院等机构，但是从人、财、物等教育教学资源等方面的协同和协调上仍然没有得到有效解决。

（三）创新创业教育教学体系

很多高校仅仅是开设双创相关的选修课程或不定期地开展相关讲座，导致双创教育一直游走于整个课程体系的边缘，缺乏双创教育与专业教育的有效融合，单纯地将双创课程纳入人才培养计划、设置双创学分，并不能够保证双创教育真正融入到人才培养全过程。双创类课程质量不高，双创教育流于知识的传授，对学生的创新能力、动手能力的培养不够，教学方式和方法的创新改革不够，师资问题还是目前制约双创课程质量的最大短板。很多开设双创类课程的教师，具有一定的理论知识，但是实践经验尤其是创业经验普遍不够；校外企业导师、创业导师的作用目前来看，在于讲座，通过有限的活动来指导，没有形成系统性，参与的深度和广度不够，协同育人的体制机制未建立。

（四）创新创业教育实践体系

创业实践是创业教育的重要内容，是创业教育的高级层次，也是提高创业教育实效的基本途径。然而，创业实践环节被“误读”，相应的创业活动流于形式。实践是我国创业教育与西方发达国家差距最大的地方，是我国创业教育发展的瓶颈之一和薄弱环节。创业教育实践环节离不开资金、项目、场所等硬条件的支持，一些学校更愿意做短期内能够收到成效的功利性探索，而不愿对创业教育有过多的投入，加之学生创新成果少、创业能力弱、创业项目少，学校缺乏有效的激发和管理手段，缺乏有经验的运营管理人员，导致既有的双创实践场景的利用率非常低。

（五）创新创业教育社会支撑体系

双创教育是面向社会需求的实践教学模式，单凭高校一方力量很难完成，而是需要政府、高校、企业三方通力合作，打造立体化的教育教学平台。现实中校企合作、校地合作中常常出现“学校热，企业冷”和“学校热，政府冷”的尴尬局面，导致高校的双创教育要么“闭门造车，出门不合辙”，要么合作“纸上谈兵，蜻蜓点水”，缺乏运行良好的双创教育的社会支撑体系。

三、高校创新创业教育的进一步发展理念

正如中国人民大学校长刘伟所说：“经历了我国双创井喷式发展的一年，2017 年是需要我们回溯总结双创政策，思考双创方式，升级双创教育的关键一年。”

如何升级高校双创教育？需要梳理总结出高校双创教育进一步发展的指导思想和理念。

（一）指导思想

在2017年首届“中国高校创新创业教育联盟年会”上，教育部副部长林蕙青提出当前双创教育改革需要持续推进、不断深化。

一要坚持育人为本，完善双创教育体系；

二要坚持改革创新，在重点领域和关键环节取得突破性进展；

三要坚持协同推进，汇聚双创合力。

这三点可以作为高校双创教育进一步发展的指导思想。

（二）发展理念

亟须升级的高校双创教育往何处去？简言之，就是要按照“创业型大学组织模式”来开展高校双创教育，就是要按照企业家精神的培养来重塑高校双创教育，建立广谱式双创教育体系，优化“双创”生态系统。

（1）要按照广谱式创新创业教育范式来规划高校创新创业教育体系。“广谱式”双创教育的核心理念为“面向全体学生、结合专业教育、融入人才培养全过程”，并搭建了4个层次的体系架构，即“通识型”双创启蒙教育、与相关专业结合的“嵌入型”教育、“专业性”创业管理教育、“职业型”双创继续教育。其中的“广谱式”双创教育是要解决现存的双创教育中存在的目标不清、方向不明确及教育的方式、路径、理念存在偏差的问题，并推动高校双创教育升级，向更高层次发展。

“广谱式”双创教育具有几个特征：

1）全覆盖特征。其核心内涵之一是开展面向全体学生的、通识性的教育。

2）分层次特征。其对象除面向全体学生实施通识教育外，还针对不同层次的学生开展具有针对性的分层教育。

3）差异化特征。其专业型创业管理教育和职业型继续教育充分体现了差异化特征。

（2）高校创新创业教育应与区域经济社会发展相适应，在产教融合的互动中获得发展。大学已经从传统经济的边缘地位转变到创新驱动中的战略地位。大学成为推进所在国家和区域的技术创新和经济发展的新中心。高校双创教育的生命力必须植根于国家和区域经济社会发展中。高校双创教育可以通过几个层面与区域社会经济发展互动：

1）基础层面，结合区域特色设置人才培养规格与方向。

2）实践层面，充分利用社会资源，开门办学，校企合作，产教融合，强化实践教学。

3）保障层面，针对地方经济特点设立双创项目，使创业教育与实践实战相结合。

第二节　人是创新创业教育的根本指向

一、高校大学生群体

高等教育的毕业生不再仅仅是一个被动求职者，更可能是成功的创业家和新工作岗位的创造者。《学会关心：21世纪的教育圆桌会议报告》提出21世纪新的教育观念——未来的人都应具有三本“教育护照”：第一本是学术教育，第二本是职业教育，第三本是事业和开拓技能的教育即创业教育。这就是联合国教科文组织提出的双创教育新理念，第三张“通行证”与原有学术的、职业的通行证处于同等重要的地位。

高校双创教育的第一对象是青年大学生。青年大学生群体是最富创造力的双创主体，也是建设创新型国家的主力军。高校双创教育的要义就是培养青年大学生群体的创新意识、创业精神和创新创业能力。在高等教育综合改革突破口的高度上，以双创教育为抓手，构建先进的双创教育理念，面向全体、分类施教、结合专业、强化实践，实施对青年大学生的素质教育，促进学生全面发展，提升人力资本素质，努力造就大众创业、万众创新的生力军。

教育部提出，从2016年起所有高校都要设置双创教育课程，对全体学生开发开设双创教育必修课和选修课，纳入学分管理。据我们访问的专业机构的调查反馈，2016年，有超过70%的高校进行了双创方面的教育改革。基本指向都是围绕高素质双创型人才培养，这是符合国家推进双创教育的主旨的。不过，“虽然九成以上学生认为创业教育有一定的帮助，但认为帮助非常大的比例还不到20%，这说明高校的双创教育还要进一步深化、专业化，真正解决学生在双创过程中的痛点和难点。”

据中国高校双创教育联盟2017年的调查数据显示，在参与调查的130所高校中，59%的学生因为自己非常有兴趣所以参与到双创课程和实践中去，41.9%的学生认为双创课程和实践活动的内容非常吸引人。超过80%的学生修读过双创类课程的必修课，有61.5%的学生修读了至少一门双创类的必修课程。本次调研的130所高校在2016年学校双创教育课程的选课总人次达到80万人，将近半数高校在2016全年校内选课总人数在1000人以上。有93.8%的高校参与到了各级别的多项双创大赛，共有超过25万学生参与到竞赛中。

如何激发更多大学生的创新意识，提升大学生的创业能力，提高大学生的综合素质，在之前强调第一张和第二张“通行证”的基础上，强化第三张“通行证”的“通行能力”，是未来高校双创教育的聚焦点。有高校领导呼吁“深化学分制改革，建立学生创新创业档案，客观记录和评价学生开展创新创业活动情况，制定合理的创新创业学分认定与转换制度”；有专家提出以基本能力训练为基础，以综合素质培养为核心，以创新精神教育为主线，完善“基础技能训练—专业技能训练—生产实践训练—科技创新训练”四层次的一体化、开放式、强应用的实践教学体系来应对。浙江省的做法是在教学管理体制上做文章，这也是目前很多高校的通行做法，但是还需要进一步的走通相关环节，将制度落到实处，让大学生可以方便地获得相关制度红利。浙江省“88.7%的高校建立了学分转换制度、77.5%的高校建立了弹性学制、85.9%的高校建立了保留学籍休学创业制度，大多数高校放宽学生修业年限，允许学生经批准调整学业进程、保留学籍休学创新创业，学生可根据需要与学校协商确定休学年限，办理相关休学手续。”

二、高校、科研院所的教师和科研工作者

高校教师群体是富有创新精神的另一主体，是高校双创教育链条上的“双重角色”。一方面他们是双创教育的实施者，另一方面他们又是双创教育的参与者和“受教者”。

双创教育需要创新教育教学方法、创新教学内容，创新教学模式、创新教学主体和相

关载体。高校教师在一定程度上承担着双创教育改革的重任。据统计数据，在教师队伍方面，到2016年年底，全国高校双创教育专职教师超过2.6万余人。南开大学张玉利教授认为："要让老师们转变观念，不要认为创新创业教育只是少数老师的任务，是就业指导中心的任务。而是深刻地意识到，创新能力的培养应贯穿于高校培养人才始终、贯穿于整个课程体系当中。因此，高校的每一位老师对于培育学生的创新精神，都肩负责任与使命，要形成自觉。"

未来高校双创教育的关键突破口之一就是高素质、高水平的专业的双创师资队伍体系建设。目前的各种调查数据显示，高校双创教育的满意度、效果还不够好的非常重要的一点原因就在于课程内容、教学方式、考核方式、师资配备等方面不能满足双创教育的特点和所需。教与学、实践与训练是高校双创教育的重要环节。教师作为双创教育的理论教学、实践教学、案例教学等教学形式和内容的组织者，除了一定的专业知识、理论知识外，还需要知晓一定的企业和商业理论以及实战经验，具有开阔的眼界和教育教学改革的创新能力。

从另一方面来看，高校教师还是践行双创教育理念的主要群体之一。高校和科研院所的广大教学科研工作者，他们的智力资源成果和知识产权成果是支撑国家创新和科技进步的动力源。高校的双创教育和双创活动，需要花大力气调动高校、科研院所的教师与科研工作者的积极性，采取各项创新举措激发他们的双创激情，采取各类保障措施激励他们积极地进行知识产权交易和智力资源成果转化，积极地带领高校青年学子一道进行双创活动。这也是后续升级版的双创教育需要重点关注的内容。

三、其他创新创业导师和创客群体

高校双创教育和活动需要举全社会之力，需要各相关的社会力量、组织、个体深度参与、有机融合。没有外部人员的协同和主体性参与，高校双创教育与双创活动就只能流于纸面，自娱自乐。在这方面，高校的兼职双创导师队伍培养和建设、其他创客个体和组织等与高校双创活动的对接，显得尤为重要。据教育部公布的数据，中国共产党的十八大以来，高校双创教育改革成果显著，已经拥有兼职导师数共计7.6万余名。在各省级教育部门各高校推荐基础上，教育部初步建成"全国万名优秀创新创业导师人才库"，已有近5000名专家入库。但是从现状来看，校外企业导师、创业导师的作用目前主要还是在于讲座，通过有限的活动来指导，没有形成系统性，参与的深度和广度不够，协同育人的体制机制未建立。后续的双创教育和活动，将在体制机制方面进一步深化，继续充实双创导师队伍，深化校友、企业人员、社会人员等创客群体对高校双创教育和活动的融合。同时，大力开展创业实训师资培训等工作，改变师资队伍数量不足和质量不高的现状。

第三节　载体是创新创业教育的质量衡量指标

一、创新创业载体建设

载体是双创教育和双创活动的抓手。深化双创教育改革要坚持育人为本，坚持问题导向，坚持协同推进和汇聚合力，这是高校和业界基本的共识。之前的双创教育是形成理念，达成共识，在摸索中开展；现阶段的双创教育主要围绕活动载体建设深入开展。随着双创教育理念的不断升华，双创教育的载体也越来越多，双创活动的内容也越来越丰富。

载体建设与创新、载体功能阐释和挖掘、不同载体的衔接和融合，成为了高校双创教育内涵式发展的重要一环，成为了衡量高校双创教育发展质量的重要指标。

开展双创教育，就是要整合校内校外、国内国外、线上线下的优质资源，创新载体建设，全方位构建国际化、开放式的育人环境。例如，通过组建双创学院统筹推进双创教育；以国家级工程训练中心为基础，以校、院两级双创教育平台和教学、科研等各类实验室为支撑，以校外实习、实训、实践教育资源为依托，深化校企、校地、校际、国际合作，打造双创联盟，构建双创教育平台。此外，高校应积极搭建“众创”空间，建设“创业孵化服务园”，营造“创客”氛围，激发学生创业激情，为有创业意愿的学生提供交流与发展平台，为有基础、有能力的学生提供创业服务。

二、创新创业载体形式

高校双创教育和双创活动的载体多种多样。有理论教育类和知识传授型的载体，如课堂教育与课程建设、新的教学模式、双创教育实验班等；有实践类的载体，如模拟创业活动、双创大赛、双创社团、众创空间、创业孵化服务平台、科技园或创业园、孵化器、双创中心、虚拟和实体的创业学院等。随着双创教育的不断深化，相信还有更多、更有效的教育和活动载体出现。

援引中国高校创新创业教育联盟 2017 年的调查数据，85. 5%的受访高校建有创客空间，超过 70%的高校建有创业孵化器和实验室，41. 1%的高校建有校内双创教育研究中心。在基础设施建设的过程中，包括政府在内的社会多元主体、各个层次的教育机构、企业、创业孵化平台、社会组织等均参与到了双创教育中来，初步构建起了高校双创教育的生态系统。已有 95. 4%的高校在校内建设了专门用于双创教育的空间。其中面积在 500 平方米以下的高校数量极少，仅有 6. 9%，大部分高校用于双创教育的面积在 500 平方米以上，有 74. 7%的高校用于双创教育的面积在 1000 平方米以上。目前大部分高校欠缺高水平的实践活动，仅有 8. 6%的高校开展过国际级的双创教育实践活动；21. 0%的高校开展过国家级的双创教育实践活动；各高校开展省市级实践活动的比例较高，48. 1%的高校开展过省级的双创实践活动，56. 8%的高校开展过市级的双创实践活动。

三、创新创业载体发展走势

双创教育和双创活动的指向是培养双创型人才，建设双创型社会和国家。加强双创教育和双创活动的载体建设与创新，就是现阶段双创教育和活动的主要任务。

在载体建设方面，涌现出一大批具有代表性的平台，如以清华大学 x-lab 为代表的集创业教育、团队培育、资源聚集和学科交叉的“三位一体”生态平台的载体，是现阶段的载体建设的范本。我们相信后续将有更多的创新型载体出现，也将有高校、社会、企业、政府、行业组织等各类主体越来越多的融合建设、协同建设的载体出现。

未来的双创载体建设和发展趋势，会强调载体的共享、共建、协同联合；会强调以当地政府和社会的需求为导向，结合产业链和产业生态圈建设，不断创新载体、挖掘载体功能、从体制机制上促成载体的有机融合，发挥“1+1>2”的组织整体效应。

从具体形式上来说，高校内部和外部的实体化的载体建设会大量出现。高校内部的载体会更加实体化，以双创学院建设为抓手的新载体，更有利于双创型大学的建设；利用现代大数据和人工智能技术的虚拟载体建设也会更多涌现；高校外部围绕产业和当地需求的生态化双创载体不断壮大。

“随着社会创新概念的普及，创办社会企业和社会组织成为一种潮流。”不排除出现一些巨量新型社会企业，形成创新“范式转移”。这些“社会企业是处于商业企业和非营利组织之间的一种多元混合体，是一种受混合动机驱动并创造经济价值和社会价值的组织”。

第四节　生态是创新创业教育的实施环境条件

一、系统设计是创新创业教育生态建设的根本理念

目前，我国已大体形成“核心层面+主要层面+支撑层面”的双创教育体系。其中：

（1）核心层面是双创教育的核心内容，包括课程、孵化基地、大赛、社团等。

（2）主要层面是双创教育的内生因素，包括师资配备、高校重视程度、学生整体素质水平等。

（3）支撑层面是外生影响因素，包括政府、社会对高校的投入度等。

同时形成了创业教育模块、就业教育模块、证书教育模块3个教育模块。

各高校双创生态体系建设已经具备基本要素，已经在按照双创教育的理论体系、教学体系、实践体系、支撑体系、评价与激励体系等多体系构建双创生态。但系统各主体之间的互动性、各要素之间的集聚度和资源配置效率还没有达到最优化。与地方经济社会发展相适应的双创体系未建立，双创生态体系建设与当地经济社会发展的互动还不够。企业和社会组织对建立校企联合的创业基地、开展创业实训和设立大学生创业启动项目的动力不足，相关资金来源不足。

要建立的高校双创教育新生态，是增强大学生基本素质内涵的育人新生态，是高校创新人才培养模式的新生态，是高校各利益相关者协调育人、协同办学的新生态，是高校科研院所科技成果转化的新生态。

高校双创教育和双创活动是以培养高素质的双创型人才为出发点，以建设创新型国家和创新型社会为归依的。它不仅仅是高校和科研院所为社会服务的一部分功能，更是全社会的一个系统工程，它将产、学、研、创、投、融集于一体，将政、校、企、社、行融入一个链条上。联合双创链条上的各个主体、各个环节，实施系统谋划、顶层设计是高校双创教育和活动开展的基本理念；以双创教育的生态圈建设为宗旨，找出抓手、层层落实，是高校双创教育得以良性发展的基石。

二、协同推进是创新创业教育生态建设的基本原则

双创教育是社会办学、利益相关者办学的一个重要载体。在双创教育生态圈上，有高校、政府、企业、社会、行业组织、个人等各类结点。每个结点都有自己的目标和任务，也有自己的边界，同时，更需要协同、共享、团队推进、共同建设我国双创教育的总体生态系统。

从现阶段来看，国务院、教育部、科技部、财政部、人保部等国家政府和部委在制度设计方面已经有很多协同推进的考虑，地方政府、社会、企业、行业协会、高校等也在不断推出支持双创教育和活动的举措，加强各自的合作和协同。据教育部相关领导的介绍，2016 年以来，已有 20 个省以省政府名义，11 个省以教育行政管理部门名义，制订并向社会公布了双创教育改革实施方案，部分省市高校普遍成立了双创学院，一些地方和高校建设了一批大学生创业园、创业孵化基地和实践基地，各地面向大学生开展的双创赛事已达百余项。通过各有关部门和各有关高校的共同努力，初步建设形成了双创教育组织、体系、机制和教育教学条件，为进一步深化双创教育奠定了良好的基础，并初步形成了一批可复制、可推广的制度成果和先进经验。

不过，从相关机构的调研反馈来看，当前我国双创环境仍然亟待改善，尤其是在面向大学生双创的政策扶持、创业教育培训、创业资金保障、创业风险防范、创业文化营造等诸多方面存在一些问题和不足。下一阶段，如何创新建设更有效的协同推进体系，是双创教育生态建设的主要任务。

三、体制机制是创新创业教育生态建设的组织保障

高校双创教育是植根于我们独特的社会和文化环境中的，作为高等教育改革的一个突破口，需要协调各方面力量组织实施，需要从组织机制上加强创新，做好保障。另外双创必然伴随着试错，伴随着失败。国家和社会要营造充分的容忍失败的环境和文化，同时还要有一些预防纠错机制。

从国务院 2015 年发文要求实施高校双创教育改革以来，完善高校双创教育体制机制一直是深化高校双创教育改革的支撑点。以体制机制创新来集聚双创教育要素与资源，汇集政府、社会、学校、企业各方资源优势，多股合力、开放合作，形成多元性的双创教育和实践的良好生态环境。教育部原领导多次强调要不断完善双创教育的管理机制、服务保障机制、评价监督机制，确保双创教育改革遵循规律、扎实推进、为双创人才培养清障搭台、提供保障，让千千万万大学生的双创活力能够竞相迸发、充分释放。

第 四 章

创新创业发展的校企合作新载体——创业学院

第一节　创新创业教育新载体——创业学院

在高校的双创教育活动中，出现了以创业学院为主要组织机构开展双创教育的新趋势。目前创业学院呈现出两种基本的不同表现形式：一是高校自主设置的创业学院；二是高校与企业联合创办的创业学院。两类不同的创业学院存在学院办学定位差异。高校自主设置的创业学院更多主张育人为目的；高校与企业联合创办的创业学院则赋予了创业学院更多的功能与目标，成为集双创的教育基地、项目孵化基地、项目投融资基地、科技成果转化基地为一体的实体化平台。

一、教育教学与变革

校企合作创业学院自诞生之时起，由于其受双创活动的深深影响，而使其在理念、行为操作上就具有与传统创业教育活动的不同。

（1）广谱性创新创业潜质培育。创业学院的教育功能是对在校大学生进行广谱性双创潜质培育。创业学院承担这一任务主要是通过开设“创业基础”课程、“创新方法”课程等方式，面向全体在校学生进行双创基础知识、基本技能、企业家精神的培育活动。

（2）集中性精英创新创业培育。从目前实情看，创业学院的起步更多是以小受众、小规模、小尝试为基本特征的探索期。各类人数不多的名称各异的创业精英班成为当下高校双创教育的通行载体形式。对这些具有创业潜质的“创业精英”开展集中性双创培育，提供项目培育、企业帮扶等方式开展独立于专业教育之外的“创业教育”活动。

（3）教育创新。创业学院教育活动具有了区别传统教育活动的雏形，呈现出对现有教育的反差特性。创业学院所开展的教育创新主要集中体现出五大特征：

1）教育理念的实践哲学。

2）学生为主体的教育范式的变革。

3）课程构建的工作过程逻辑。

4）多学科的跨学科交叉发展。

5）结果评价的可视化产品性。

（4）教育教学范式变革。创业学院教育教学范式的变革处于探索期与实践验证期。创业学院的双创活动是集理论教育与实践教育的结合。学校创业活动的关键在课堂教学，而课堂教学核心在于教育教学范式的变革，项目行动导向的教学范式成为创业学院教育教学的主流教学行为。

二、协同育人

（一）就校内协同育人而言

创业学院承担起职能部门的“管理功能”，成为校内双创教育的主体单位，成为协调校内各部门的管理者与资源汇聚者，也成为高校开展双创教育的学生汇聚地与提升地。随着双创活动教育的深入开展，面对大范围众多学生参与到双创活动的状况，这种多部门的协调存在操作上的主体困难，将双创教育归于一个创业学院进行协调，会成为一种必然选择。

（二）就校内外协同育人而言

一方面表现为院校之间的合作与交流呈现活跃状况。在双创教育的初期，院校通过与其他高校建立合作的方式，在教育理念、方法、课程、师资、项目孵化等方面开展多渠道、多形式的观摩学习和交流。高校双创教育联盟纷纷成立，抱团取暖。

另一方面高校与企业之间的校企合作生态初见雏形，学校与企业在项目开发与孵化、企业组织运行与管理、资金投入等方面展开合作，初步搭建起集双创教育、孵化服务、项目投融资的一体化平台。

三、项目孵化与企业培育

创业团队及所具有的创业项目成为创业学院可视化的景象。项目孵化活动初具形态，学生自创项目依然构成项目主体。但高校项目孵化的专业化师资与双师型教师数量不足；项目来源渠道多是通过各类赛事形成，与课堂的学生主体教学范式变革的关联性不高。目前，高校因普遍存在课堂创新教育变革不力，项目来源不能因接受创新训练而大面积形成；孵化项目转化为市场可接受项目尚存在较大距离，大多处于初级、中期阶段。

企业培育呈现校内围绕项目进行，具有练习、演练、小企特征；规范化的专业性企业培育因项目规模程度还没有达到规范化企业程度，而尚显不足。

四、投融资及服务

创业学院初步构建投融资生态体系，创业项目与投融资对接尚有一定距离。政府创投资助与社会资金并重格局初步建立。一些校友资金与社会资金开始关注高校双创项目；天使投资、创富投资占据主要；创业基金投资标准与高校创业项目对接差距较大，投资比重较小。

高校以资本化股权方式对创业项目的投资比重最低。一方面表明创业者的股权意识不强；另一方面也反映出创业项目与资本企业投资标准之间存在巨大差距，项目质量急需提升。

五、成果转化

项目成果转化是创业学院项目与市场对接的直接反应。在创业学院所培育的双创项目中，主要是模式创新与技术创新。技术创新成为构成成果转化的主要形式。发明专利的市场转化不高，转化路径清晰度不高，创业学院自身科技转化平台没有形成。

第二节　校企合作创业学院的创新创业教育运行

校企合作形式的创业学院由于其定位有别于高校自主设置的创业学院，也客观决定了两类不同创业学院在社会资源整合与引入、人力支撑、项目孵化及投融资支持等方面存在差距。这一差距与合作企业的产业、规模、实力等存在较大的相关度。

一、组织机制

（一）学校独立运行与校企合作运行机制并存

由学校自主但主体独立运行的创业学院在数量上居众，成为主流；由校企双主体合作运行组建的创业学院类别，在数量上明显少于学校自主独立运行的创业学院。校企合作创建的创业学院，目前看主要有以资源整合、平台系统构建“教、学、研、产、孵化、投资”等双创教育全生态链为特征的北京中科创大创业教育投资管理有限公司（简称中科创大）与各合作高校设置的“中科创业学院”最具代表性。中科创业学院采用校企双方共同组建“学院理事会领导下的院长负责制”的管理机制，进行学院的领导与管理。

（二）虚拟创业学院与实体创业学院并存

高校虚拟创业学院建制形式为高校常见选择；实体创业学院形式虽有出现，但数量明显偏少。虚拟创业学院是仅以组织形式存在而实质没有自己独立学籍学生为特征的以面向全校师生为对象开展双创教育的集管理、指导职能与教学为一体的学校组织机构。实体创业学院则是以创业学院自身拥有若干专业、有相当规模在籍学生为特征的以面向全校师生为对象开展双创教育的集管理、指导职能与教学为一体的学校组织机构，利于以双创教育的理念对若干专业进行双创教育与专业相融合的教育教学活动。

二、运行特点

运行特点如下：

（1）以创业型大学范式的办学定位，开展创新创业教育的人才培养、推动科技成果转化、参与区域经济活动。这一全新模式下的创业学院的建院与运行是按照“创业型大学”范式（Entrepreneurial University）进行，创业学院最终将建设成为双创教育的育人基地、投行基地、孵化基地。

（2）教育教学的创新实验区。

创业学院成为合作高校在“人才培养体制”“办学体制”“教育管理体制”“改革质量评价”和“招生制度”创新的实验区。

（3）产教结合、校企合作、协同育人的模式。以创业学院为主体，利用自身资源、人力资源与智力，构建横向合作机制，积极与产业、行业、资本、企业、政府、其他院校，以及社会性组织等建立“产教结合、校企合作、协同育人”的工学结合办学模式，充分利用创业学院的校内外的多院校合作模式的优势实现师生交互、项目交互、资金交互，教学实现“教师互聘、学科互选、学生互换和学分互认”，实现协同育人的目标。

（4）学生实践主体的教学范式。创业学院面对双创教育的特殊性，积极构建学生实践主体的教学范式。贯通教学全程，构建“理论与实践并存”的二元教学体系、实践为主的“项目应用”教学体系、实景教学体系、校内实验与校外生产基地结合教学体系、“教、学、研、产”多元教学体系。

（5）课程运行纵横多元结合模式。创业学院汲取以往创业教育实践经验，构建课程运行的“通识、专业、专业融合、创业提升”的纵向分级模式，以及“学院间跨学科融合”和“理论与实践并行”的横向分类模式。

（6）构建教学分工协作的教学运行体系。在教育教学的实施运行中，创业学院具有自主运行与其他院际创业学院合作发展的双重特征。创业学院的教育教学运行是以分工与协作的机制为特征。在这一教学实施过程中，任课教师、合作企业、合作院校及院际创业学院四方协同承担相应的角色与职能而共同开展教学活动。其中，课程的任课教师负责各自所教授课程的教学内容的整合与传递，企业提供双创教育的教学范式训练，合作院校对教学效果给予直接督导与评估，院校创业学院之间开展部分课程间的“教师互聘、学科互选、学生互换和学分互认”。

三、众创空间

（1）众创空间基本常态初步形成。各地高校纷纷建立面积大小不一的独立创客空间。创客空间内在空间结构基本完备，具有可视化的基本功效，但孵化器专业化培育师资不足，功效有待提升。

（2）学校众创空间自我构建数量多于专业化的孵化机构。专业化的校外孵化机构参与到高校众创空间建设的程度远远不足。

（3）众创空间构建初具功能，内涵建设尚需大力提升。可视化的众创空间具象形式大于实质的内涵。目前高校众创空间基本具有可视性的具象性，其功能基本齐全，空间的功能区域布置基本构建形成。但众创空间在运行、专业化人员、项目培育等方面普遍存在非专业化倾向。

四、项目团队

创业项目团队组建方式呈现校内外结合与校内结合并存，学生团队为主。高校创业团队呈现关系驱动团队、要素驱动团队、价值驱动团队并存现象，关系驱动团队成为主体。从目前看，高校的学生创业团队更多是以同龄人为主，具有很强的校内组合特性。这与社会企业组建创业团队是以企业业务为核心来组建专业化人员存在较大的不同。

五、院际合作

（一）创新创业教育与专业教育融合尚处于探索期，还没有形成深度融合

独立的创业学院的教育运行相应有两种路径：

（1）与专业所设置的所在学院进行联合编制人才培养方案、课程教学大纲、教学范式操作等，其不足是因各自对专业管辖，易造成结合深度不佳。

（2）对创业学院自己所拥有的专业进行实质性的深度融合，以双创教育的视角、理念、模式与方法对专业进行人才培养方案、课程教学大纲、教学范式操作，易形成深度与有效的融合，但其不足是会因对某些学科专业的非专业性而把控失衡，也易造成学科专业性的不足，为此专业教育的专业化人员保障是预防问题发生的基本前提。

（二）创新创业教育的跨学院、跨学科交叉训练特色明显

创业项目本身大多是多学科、多领域的集合体，客观必然造就创业团队的多学科、多专业背景人员的组成共同实施项目操作。在双创教育的实践活动中显示：跨学院、跨学科交叉训练是双创教育的最为显著特征。为此，打通一级学科或专业类下相近学科专业的基础课程，开设跨学科专业的交叉课程，建立跨院系、跨学科、跨专业交叉培养双创人才的新机制，把学生全面发展与个性发展结合起来，促进人才培养由学科专业单一型向多学科融合型转变，逐步确立科学先进、广泛认同、具有特色的双创教育新理念。

第三节　前进中的中科创业学院

一、中科创业学院的建立

中科创业学院是中科创大与合作高校在所属院校中共同设置的非独立法人的实体二级创业学院。

成立于2014年8月的中科创大，是致力于教育创新、创新创业教育和创业型大学实践的专业机构，是中科招商集团“实施大学三基工程、构建双创新生态”的重要主体。中科创大凭借团队在教育创新研究、教育项目策划、项目运营管理和资源整合方面的专业能力，以先进的思想理论、创新的方式方法和办学模式，集成各种要素、形成系统支持，与国内外富有进取心的高校合作，按照“创业型大学”的范式共建中科创业学院，打造高校教育创新实验区，将微型硅谷融入高校。

经过3年的发展，截至2017年9月，中科创大合作的高校已经超过百所，形成了独一无二的超级大学、超级孵化器与超级投融资平台，目标是构建中国的超级硅谷。

二、中科创业学院的功能定位

经过建设，中科创业学院将成为开展双创教育、创业项目孵化、项目投融资的实体机构。具体而言，中科创业学院致力于成为高校实施双创和创新创业型人才培养的实验区，有效推动高校体制机制创新、培养模式创新、课程体系创新、评价标准创新；搭建人才、项目、产业、技术、市场、资本等双创要素资源对接的桥梁；实现校、政、企、社协同育人；促进学校师生专利技术、科技成果开发、利用、转移和整合的加速器；强化知识的应用和转化、跨学科研究、产学研结合、服务社会经济发展。

三、中科创业学院的管理

依据中科创大与合作高校的相关协议，中科创业学院实行理事会领导下的院长负责制，其人、财、物相对独立。理事会是创业学院的最高决策和管理机构，对创业学院的办学定位、办学原则、组织架构、运行机制、学科规划、专业设置、师资队伍建设、创业资源整合、财务预决算及资金使用等方面的工作进行综合协调与宏观决策。

第五章

中国高校创新创业创客教育的实施路径

第一节 中国高校创客文化教育的重要性

一、创客教育是高校创新创业的原动力

创业，如今不仅仅是一个小众群体的特殊行为，已经演化成一场激发全民创客精神，拥有创客梦想，具备创客能力，最终产生创客结果的全民运动。作为国家创新和创造的启蒙诞生之地——高校，毋庸置疑要成为这场时代创业浪潮的生力军。汇聚行业的专家学者、科研工作者及未来的优质人力资源大学生的高校在发展双创时会得到来自国家政策、科研技术、风险投资等外在维度的支持。继外围维度外，对创客的教育应该是高校进行双创的原动力，当属重中之重，因此，在双创的发展中，开展创客教育便显得尤为重要，可促使高校教育与双创进行强连接，可使学生学有所用，使教师教有所为，使创业项目有果可结，让民族腾飞于世界民族之林。

二、创客教育实施的群体范畴分析

在高校之中，擅长去双创的人群，不仅有具有技术背景的科研人员，还有对创业充满热情的大学生。这是一个开放的时代，未来十年是创客的时代，越来越多的人正在与墨守成规的生活说再见。而创客群体涉及的人群，本身就与当下创客设计的范畴有强烈的关联与重叠。仅从字面上翻译，创客就是maker，做东西的人，泛指出于兴趣和爱好，把创意转变为现实的人。这类创客群体人群的组成介绍如下。

（一）专业实操创客人群

（1）具有技术背景的科研人员。在IT、商业等领域中的专业创客群体中，技术背景的科研人员是产生创业项目质量的创客主体。他们细分为技术领域高校教授、从事某一专业领域工作的科学研究人员、承接国家科研项目的专业科研人员和在某一领域自主进行探索研发的科研人员等。围绕着科研人员的工作流程及工作范畴，其身边的在读本科生、研究生、博士生和博士后，他们构成了当下最具潜力的创客群体，他们作为创客群体的中坚力量，特别具有重点培养价值。他们可以把来自实验室的前沿技术进行市场化，真正能够让产品经济效益价值化。

（2）校园创业的发烧友。他们是强大的未来创客来源，以强大的嗅觉准确地预知未来市场的多变性，从而研究出适应与市场的产品与服务。这一群体虽然还没有成为合格的创客，但是他们具有极高的创业进取心和极强商业嗅觉。

（3）创新创业教育的施教者。创客实验室的管理者、创客空间的管理者、创客进行资本化的众创空间的管理者，他们是专业从事双创教育版块的直接管理者。对于这些施教人员，需要有高校教授、企业高管、创业成功的前辈等群体的辅导。

（二）涉及创客工作的人群

（1）高度参与者。这一类型的创客泛指那些在其他岗位上，所从事的教学研究、学习范畴与当下专业创客所需涉及的范畴，有非常强的关联与范畴重叠的群体。对这一部分人群的教育与管理是非常重要的。因为他们的某一项工作将提高学校双创学院的工作效率，也会提高其成果产量。对于涉及创造工作的人群，已经置身于双创学院创客的范畴，只是他的工作岗位没有被纳入专业的创客双创的工作场景中来。要对他们进行软连接的一个疏导与管理，将信息与配套的资源向他们倾斜，以促进他们创客工作向专业化发展，多出创业成果。

（2）关联专业与高校核心优势专业有关的专业人员。这一类人员从事的教学研究与学习范畴，在全国乃至全球的范围领域中处于领先的水平，他们在人类科研探索与商业实验的最前沿，而且他们是最容易将自身所学习、研究的内容付诸实践，甚至去创业。对于这一群体的创业教育，将为高校双创起到事半功倍的成果。

（3）创业兴趣人群。这类兴趣人群，一般来自学校的各个工作岗位和各个学习环节中。他们在社会上接受了创客文化，对创客有着极其浓厚的兴趣。并且，在业余时间用大部分的精力来做双创的工作。他们是未来主流创客群体的预备队，对他们进行引导和教育，将会促进中国高校双创事业高成效的实施发展，也必将带动这个学校双创事业的发展成果大量的涌现。为此，应该充分利用我们现有的创客空间来组织相关活动，诸如见面会、报告会与头脑风暴会，多利用一些有效的机会对他们进行疏导教育和松散式的管理，以激发这些人来走上专业的创客道路。

三、高校开展创客教育的三种方式

创客教育的意义就在于为广大的创客和即将成为创客的学生们提供教育，以让未来的创客人才储备源源不断，进而创造出更被社会所接受的产品与服务，为人类的生存生活发展提供便利。对于创客的教育，更倾向于集中式精英教育与广普式潜质教育相结合——以认知前沿的趋势，促进发展的项目成果，并快速地导入市场经济去服务大众。

（一）集中精英与广谱潜质教育结合

集中式精英教育与广谱式潜质教育相结合的方式是最适用于现阶段社会及市场条件的教育方式，也是有效提升创客自我能力的教育方式。

集中式精英教育指的是在专业的创客环境场景中对专业的创客进行集中式的、正规的、高密度的精英式教育。其深度和广度都是与世界级的创客教育和双创实施成果紧密相连。其作用是有效提升高校创客迅速提高自身的技能，认知前沿的趋势，促进自身正在研发落地的项目成果，以求迅速出成果，并完美实施落地。

在做好集中式精英教育的同时，也需要开展面向全体学生的广谱式潜质教育，进行全员的双创精神培养，双创创客方法的教导，双创创客项目实施有力的支持与辅导。

（二）教与学、实与用的变革

对双创创客教育的做法，要既继承原有的优良的作业模式，也需要有所变革与创新，实施“教与学”和“实与用”的双管齐下。

在做好双创创客教育的同时，教师自身要进行双创创客的变革。要力求使得教育者提高自身的素质，成为有学问、有梦想、有精神、有结果的人，并依此去带领专业的创客，去影响那些闲置的创客，去激发那些全员范畴内的人。对于学生要进行双创的学习，在谦虚学习前辈总结出来的优秀知识体系和经验的前提下，又要有怀疑一切，打破一切的心态，使自己真正成为一个创造性的人才。因此，中国高校进行创客教育的灵魂所在，就是一切以实用能够创造出落地有价值的结果为最终导向，以实战，实用，实操出发，把一切的意念与不切实际的推理，在这里都应该坚决地摒除。

（三）结合本专业、跨学科推动

在中国高校的教育范畴之内，一个非常现实的场景摆在了我们面前——专业从事创客工作的人员终归还是少数，能够集中全部精力在双创学院进行学习的人和教学的人也是一部分的人员。因此，学校的广大学生，教职人员、管理人员，在自己本身的专业，应该在立足于做好本专业工作的基础点上，在思想层面和行动层面，以一个双创创客的姿态，去进行学习、教学、科研与实践的应用。这一点尤为重要，因为一切的教育学都是为了出成果，一切的成果都是为了探索未知领域，去落实那些闪光的伟大想法，使之能够付诸实践与落实到有价值的商业应用当中去。

在高校实施双创创客的教学过程中，要积极地促进各专业各学科之间人才的互动与专业的跨学科的联动，要充分地利用现有的物理空间与管理的权力，不断地高频次地召开报告会、项目路演会、头脑风暴会以及各学科的专业交流会这类活动。当下的双创创客的成果，大部分集中在某一专业领域的边缘，或者是相关领域的重合处，通过交叉才可以创造出增长点，产生新的创新点，这是中国双创创客教育范畴实施教育方法中的精髓部分，这也是在总结了以往上百年各类的创新创业创造的项目结果的前提下所发现的规律。

第二节　中国高校创客教育实施的基本路径

一、高校创客教育实施的方向

中国高校双创学院进行教育引导的主要方向应该遵循一个客观规律，即：在我国高校双创创客教育开展的初期大部分还处于探索阶与总结的阶段，应在现行的科技条件背景和社会变革的大趋势下，去寻找那些可以遵循的规律，以谋求在短时间之内利用有效的资源，抓住能够大量生产高质量项目从而进行强化。

（一）创新、创业、创客的分析

中国高校的创新、创业、创客教育这三个范畴是从不同的角度进行同一个工作的项目内容。

（1）创新是人类发展的原动力，是思想方法和理论凝聚的重要范畴点。只有不断地创新和迭代那些固有的需要改革的部分才能使一个事物、一个项目和一个思想走向更加趋于现实趋于完美。创新是从思想意识和时代趋势上去诠释其操作规律，让广大教职员工和同学们树立创新意识，发挥创新精神，掌握创新技能，与创新能力，在技术部分运用娴熟之后才奠定了创新的物质基础。

（2）创业是对创新可能所产生的对某一事物，某一思想或某一范畴的技术性的突破和思维上的突破创新点、项目落实到实际生活和市场竞争当中去，是对人类的生产生活和科技进步去做更深入的具体操作，以谋求取得良好的贡献。

创业类型主要分为创新型创业与改变性创业。其中，创新型创业是在创新的前提下，做出那些无中生有的开创行业的和高科技的闪亮点以在市场竞争的社会环境中去落地，去运营，去输出有价值的产品和服务，去服务广大的用户与客户。由于它科技含量高、市场价值高，易受到资本青睐。改变性创业则是在原有已成熟的领域，原有运转良好的商业板块，原有已经正在应用和经过人们实际规律性的思想基础之上，进行一个裂变型的改变，也就是将其某一部分进行迭代升华与创新改变。它的优势是在原有已经非常成熟的项目上面进行革新、改革、裂变和迭代，这样它的成功率是比创新的成功率要高，而且更加接近于市场变现的路径，更容易在短时期内推出集聚于市场满足于客户需求的高质量的创客项目。

（3）创客是指将一个想法和一个创意变成一个有价值的产品与服务的生活过程并以此为乐，不以追求金钱为目的，追求高尚生活的群体。创客已经被中国高校年轻一辈的有作为的具有创新创业能力的人所接受，并且成为他们的一种生活方式。只有一名准科研创业人员培养出创客的生活模式，才能从其中再精选出精英群体用作高校双创教育的重点培养。

（二）产品创客创业

（1）创造性产品创客创业。产品是创客们创造出的开天辟地的、原创的、即时类的产品，这些产品有着能够创造一个新行业的能力等。在高校创新创业的创客教育活动中，应大力提倡此类产品创业。但此类产品创业不易产生巨大的规模性效应成果。

（2）创客性产品创业。创客在某一行业的某一品类上进行再创造，再延伸，再发展，使其产生了拐点，这个拐点对于整个行业拥有颠覆性的作用。

乔布斯的苹果手机通过开放一个 APP 的平台，将手机变成了一个智能硬件，变成一个掌上电脑，并更加深入地融入人们的生活中，解决了诸多与手机有关的生活问题，悄悄地改变着我们的生活。教育部与海尔集团 2014 年主办的“我是创客大赛”总冠军于智凤和武靖棋等团队成员的微屏项目也是创客型产品的代表。

中国高校双创学院在对产品创客进行教育培养与引导时，会着眼训练创客的各项能力。其中最主要的是对产品创客的大脑灵活度的训练，使创客能够创造出非凡的想法。这样的训练能够让产品创客将现有的产品进行质的飞跃，进行拐点式的创造，基于社会需求，从而创造出哪些能够满足人们生产生活需求的伟大创客产品。这些训练包括多行动少抱怨、改变思维方式打破规则、改变固有习惯、探索未知世界并实验、专注聚焦、增加毅力这六点内容。

（3）营销创客创业。营销类创客是泛指在产品创客将产品创造出来后将产品推向市场，寻找渠道与客户的创业群体。他们在销售产品的过程中，不断地了解客户的最新需求，将产品进行无限接近与客户需求的迭代。

在中国双创学院施教过程中，营销类创客的培养和对营销类创客的产出应该使用有效的手段与教育。产品创客，他只需要将一个想法付诸实践，发明创造出产品。而营销创客，是要讲一个产品卖给用户，所以一定要足够了解这些用户的需求，以完成商业转化。对营销类创客能力的训练，要进行以下 3 种能力方面的训练：

1）驾驭销售团队与销售渠道的能力。在接近市场过程中，营销类创客的管控能力、激励能力与领导能力对管理团队尤为重要，如果不能有效地驾驭一个商业帝国，就无法达成做营销创客的目的。

2）在进行市场推广的时候，要有拟人化、高情商的能力。当下商业模式的迭代频率加快，已经发展到红人经济时代。这一时代的显著特点就是将一类客户的需求做成产品与服务，并在相应的平台上进行推广，让更多的人来购买，并利用良好的背书来达到自动销售。而这就需要建立品牌，要有相应的品牌故事、品牌调性来做标签，也就是当下流行的商业法则——超级 IP。

超级 IP 作为一个标签，包含很多内容，品牌故事、产品、社群、媒体内容、媒体通道等内容集合称为一个 IP，而 IP 的最高层次就是拟人化。乔布斯当年就是发表这样的产品演讲，利用媒体传播，使自己成为一代科技红人。像小米手机的创始人雷军，也是在网络媒体上呼风唤雨的人。总结为一句：不想成为红人的企业家不是好商人。

3）营销创客应该具备快速使自己正在销售的产品按照客户的需求进行迭代的能力。

微软创始人比尔盖茨说过，微软公司只有 18 个月的生命，因为他的产品遵循摩尔定律，每 18 个月，就会发生一次重大的改变。现在的摩尔定律的速度已经加快了，大数据时代是一个信息倍增的时代，是一个需求个性化的时代，是一个一切想法都能够快速实现的时代。企业的有效时间在缩短，产品的需求、拐点在不断地夹击，所以营销类创客的培养，要重点强调快速探求客户需求与改变自己的产品，适应市场需求，而不被市场所抛弃。

（4）内容传媒创客创业。内容传媒创业是指在人类发展的过程中，对于科技、人文、心理、历史、哲学等方面的内容进行创作以及演绎的创业行为还指将已有的内容通过书籍出版、拍摄电影、拍摄电视剧、拍摄动画片，制作场景剧、制作歌曲、制作诗歌散文乐曲、创作舞蹈等形式进行内容创业的表现。

内容传媒创业这一个概念在中国高校双创创客教育中才刚刚兴起，并且在中国社会主流人群当中也刚刚得到认识。内容创业在继以往传统媒体、纸质书籍、电视、电影、歌曲舞蹈、情景剧等的表现形式之后，随着近期移动互联网、软硬件和带宽的提升，又产生了在自媒体上面的无限内容创业机会。就目前的发展形势而言，内容创业已经形成了相当的规模，在不远的将来这些自媒体的表现形式和内容创业的繁殖的量，将会超过传统内容创业与传统媒体的表现的量。由此，不得不引来我们国家当下高校双创教育的反思——仅窄范畴地将双创局限于开发一个产品、建立一个模式，或是开办一家公司是无法将这些文化类的无形资产充分发挥利用的。

（5）创投创客创业。创投创客创业泛指那些将工作范畴放在一个项目的种子阶段、天使阶段和风险投资阶段的工作群体所进行的创业活动。快速建立有专业的天使投资人、风险投资人组成的教职员工团队来开设创投类的专业，并进行创投类创客的培养，对在资本杠杆、在项目前期进行风险投资的这一类创投创客培育具有重要的价值。

在我国，由于直接从农耕时代到计划经济时代，再短时间到达市场经济时代，在创投创客的领域是非常薄弱的。目前活跃在这一领域的专业人员也大都来自于发达国家和资本发达的领域。由于传统思想极大地限制了创投创客的产生，甚至有些人将其视为不劳而获的人，投机取巧的人。这一观念应在中国高校双创学院教育过程中，从高层领导到教职工、到从业人员、到课程设置再到具体实施都应在心态上、观念上、做法上有一个巨大的转变，而这一点，对我国双创创客的教育与实施成果的产生是至关重要的决定点。在当下成熟的市场运作模式中，产品创客、营销创客与创投创客缺一不可。我们不应该只承认那些发明创造的科学家，承认那些能够将产品卖出去的企业家和社会上的精英人物，还应该意识到在资本杠杆、在项目前期进行风险投资的这一类创投创客的价值。我国的双创教育应走出这个封闭的泥潭。一个有力的说明是，马云创立了阿里巴巴集团，创造了淘宝这样的商业平台，还有支付宝等，这样一个巨大的商业生态园，使之成为我国乃至在全世界都可圈可点的伟大的商业帝国，但是在创立初期，如果这时候没有一个伟大的、具有前瞻性的、能够改变世界的创投创客出手帮助，这个项目肯定会夭折，这个伟大的企业、伟大的商业模式会推迟几年，甚至十几年，或被人们遗忘。

在中国双创教育施教的过程中，应当快速地建立有专业的天使投资人、风险投资人组成的教职员工团队来开设创投类的专业，并进行创投类创客的培养。并在学院的众创空间里让创投创客去成长，去产生结果。

二、中国高校创客教育实施的三大路径

（一）高校创客教育发展方向定位

中国高校创客教育发展定位是根据各高校学校专业性质、各高校的优势专业以及各高校所在城市的特色产业作为参考坐标，制定各高校符合自己的发展优势的创客教育发展方向定位。

（1）高校专业性质。高校所肩负着的教育内容与教育任务是决定其如何能够高效、便捷和多产地创造出创客项目的前提因素。不同类型高校在规划自己的创客教育发展方向定位方面，就应根据其性质来规划这一方面的创客教育实施方向和优化搭建创客实施优化后的路径。

（2）优势专业。高校经过多年的教学积累和自身专业优势的培育，依托已具备的某优势专业的人才生态体系来规划该高校的创客教育实施发展的路径定位，这样有利于创客项目的产生、孵化和最终得出结果。同时，也能促进该高校、该专业人才的培育以及科研项目的诞生，这是一举两得、相得益彰的最佳模式。在专业优势方面，下功夫在专业人才身上找突破口。

（3）高校所在城市的特色产业。一个城市的特色产业将是一个大生态，在这个特色产业中和周边会聚集着这个特色产业方面大量的高端人才和优势资源，这样就扩大了依托高校自身的生态所网罗到的资源与人才的局限性，扩大到与城市和城市覆盖高校半径的自身

的优势特色产业，利于催生该高校创客人才和创客项目储备与诞生。

（二）高校对创客行为的实际支持

高校对创客行为的实际支持有：

（1）场地支持。创客教育与创客研究是一个长期的工程，创客需要在稳定的工作环境下做一个项目，所以必须获得这方面的支持。学校应有效植入创客空间与创客小组活动产品，以利于全员动员，加入创客教育，接受创客文化，创造创客项目结果。

（2）授课支持。在高校专业的创客群体内，应该给予系统的、完善的、具有特色前沿性的专业的创客教育实施体系，便于创客用总结出来的新进的方法，少走弯路是创客项目的教育与成长。

（3）宣传支持。学校宣传媒体与宣传阵地要高频次地进行创客教育、创客行为的引导和创客优秀成绩人物的表彰，鼓励科研人员进行创客行为，有动力去助力专业的创新。

（4）资金支持。学校自身投入资金外，还需引入社会创投资金、企业科研资金等，使本校的创客教育在强大的资金支持下快速地出结果。

（三）搭建高校创客商务拓展的生态资源

高校创客商务拓展的生态资源有：

（1）政府生态资源。各高校需要深度解读政府所推出的政策，深度地对接政府所具有的对你能有帮助的职能，顺应大势用好政府层面的资源，去帮助自身创客教育的实施，去助力自身高效创客教育和创客项目的实施与发展。

（2）科研院所生态资源。在研究院和科研机构拥有大量的国家支持的资金，储备着大量的国家层面和全球层面的优秀人才，有大量的先进的实验设备与实施设备和最优的场地、资金等方面的优势。要在本行业和本地区找到相关能够帮助到自身创客教育实施与创客项目落地的研究机构，去拓展搭建他们的优势资源，为自己的创客教育与创新项目落地发展开拓有效的路径。

（3）企业生态资源。大部分的创客项目，集中在科研产品研发和商业模式创新等方面，与企业有着天然的有机的连接，要集合企业的资金、市场、信息、大数据分析、客户需求反馈，去反过来迭代自己的教育方向，去丰满自己的创客项目的功能研究。

（4）创客空间生态资源。创客空间是专门服务于创客的一个综合的服务体，有办公空间，有资本辅导方面的功能，也有关于行政和社会事务打理方面的基本功能。在校内的创意空间应该快速地打通，各个专业的创客空间之间的资源互通、资源互补，以利于高效地运用本校所具有的创客空间内部的资源去释放这方面的资源能量。同时，要找到同行业全球范围内，全国范围内和全城范围内的跟自己有关联、有互补、有沟通，资源输出的创客空间，去搭建这方面的有效的通道，以利于自身高效创客的教育发展和创造项目的诞生、孵化、应用。

（5）投资机构生态资源。高校创客的商务拓展是一个以市场为导向的工作。高校应发挥自身的优势和影响力大范围的去沟通投资机构，以取得投资机构在创客教育方面的功能优化的支持。

（6）院校间的联盟生态资源。各个高校都有自身的特色，都有自己优势的专业和自己周边城市人才生态的优势生态圈。因此，在高校实施创客教育、商务拓展、项目落地的时候，一定要充分地考虑到与其他高校的优势资源进行联盟，与其他高校的优质人才并肩作战。

第三节　创客教育实施中的重要节点

一、创客的日常项目管理方式

中国高校的创客项目管理，从管理区域属性上分为：专业创客空间的项目管理，创新创业学院的项目管理，各专业的科研院所的创客项目管理，与其他校外研究机构、校外创客空间和其他关联单位的创客项目管理。

成立以学校为中心的组织机构运营组织机构对创客项目的管理与运营是最高效、最稳妥、最无风险的一种形式。其功能就是管理创客的创客项目、创客空间、创客的融资评定与创客的资源搭配，协调创客在创客空间的日常工作和发展方向，计划目标和资源搭配，协调创客空间与创客与具体运营公司各部门之间的衔接与协调工作以及协调创客所创业的项目公司与税务部门、法务部门、银行部门和国家行政管理部门之间的日常运营工作和对接出口。

高校对创客的日常项目管理方式包含九大方面，分别是项目准入流程、创客项目管理委员会的职责、项目日常运营、专家顾问团、经验交流、项目合作、创客基金、融资计划以及记录、评价与奖惩。

（一）项目准入流程

项目的准入与准入条件是对项目日常管理的最初设立标准，也是日后资源配置、人员配置和专家配置能够高效成果、高效项目的基础保障。为此，需做到：第一，要确认创客拥有基本的公民权利。如果创客是未成年人，还要在监护人的同意下才能入驻。第二，对其创客项目计划书进行有效的审核，来区分他的开发是否符合国家经营许可、是否符合国家法规制度、是否对国家的安全和环境保护形成危害之后才能确认项目的入驻。入驻要以严格的表格化和流程来进行合约精神的确认。第三，进行各项材料的审核，确认准入期限、退出机制和特殊帮扶政策，并签署入驻的场地日常协议与场地使用的说明与安全责任状。

（二）创客项目管理机构的职责

创客项目管理机构应该对项目进行常规的分析、分类并进行阶段性的资源梳理，以求创客能够专心地进行项目发展。

（三）项目日常运营

项目运营组的作用是详细地负责创客在创客空间、在科研单位、在协同的创客项目所在地的日常管理工作。具体包含：制定全部的和分类的包括特性化的创客项目的管理制度、日常运营和年度的工作思路；组织、策划、召开创客的各类创新培训、日常的专家交流会和对外的资本路演；创客项目的评估、管理、营销、技术、法务、财务的个案咨询；对入驻创客空间的个人、团体和项目进行资格审核，对应用的场地、设备进行定期的维护；对安全、防火进行定期检查和责任区分。

（四）专家顾问团

顾问团的主要功能是运用专家的智慧、运用行业不同领域的专家的前沿成果对创客项目进行日常服务和广谱化教育。以培训班、咨询案、帮扶团、陪跑团的形式对项目进行日常服务管理。

（五）经验交流

经验交流需形成流程化的管理，对创客的经验交流、培训和专家咨询等，应该做标准的流程、事先的备案和日常工作的管理以避免将重要资源浪费和在工作流程中有对接不畅的风险。

（六）项目合作

创客本身的创业项目，如果是自运营，那么肯定需要合作，如果是合作项目，肯定需要与其他的公司、项目进行管理与运营。管理机构应授权运营组进行前期的确认与管理，以避免在合作过程中出现风险，并确立好合作项目的责任分化、资金管理与项目的终止退出机制使高效的创客项目在管理上走在成熟的、高效的轨道上。

（七）创客基金

创客基金本身与创客所需的资金管理应该采用专款专用和专用基金在使用范围之内的使用设立标准流程。对某一类国家特殊投入的项目资金不允许为其他项目使用。要保证国家所确认的项目应该在资金使用上是透明的、可控的。

（八）融资计划

对其他机构和联合单位的所投资金也要保证其投入方向上的无风险，以监管其资金投入不会被挪用和不正当使用，保证创客项目的日常运营中的管理高效性，使其具有可控性。

（九）记录、评价与奖惩

应设立项目的日常记录流程，对项目的日常评估进行阶段性的评价。对有突出表现者进行表彰，对违反管理条例者进行有效监督并给予相应违约责任惩罚。

二、提高创客项目的数量与质量

在高校双创教育实施创客教育过程中，重点抓好创客项目的数量管理与质量管理两个主要操作点。

对于创客项目数量的增加，增值方式又可以分为纵向推进的创新模板和横向连接的创新模板。

（一）创客项目数量

确定创客项目数量的增长点和普遍规律，是现阶段的一个重要的首要目标，可以通过产生点、产生方式、增长点、增值方式这4个方面进行。

（1）产生点。产生点即创客项目数量的增长点。寻找具有普遍规律的增长点，就能促进创客项目的大量产生。

（2）产生方法。如何来找到这样的增长点，用什么方法来促进创客项目数量的产生呢？创新、创业、创造，一切始于创业，一切始于创意，创新是一个民族前进的动力，创造是民族工业的根本，创业是商业发展的动力，然而无论是创新、创业、还是创造，都需要有一个触发点，这个出发点就是创意。

（3）增长点。如果说创新、创业和创造会让一个事物茁壮成长，那么创意就是种子，让事物有了生根发芽的根基。高校双创要做好以下几个方面：

1）要具备强大的自传播性。对所有的参与者，都鼓励其开通移动社交媒体的端口，例如公众账号、微博、微直播、今日头条、虎嗅网、36氪等。在这样一个强大的自传播的环境中，同时要向外传播自己的想法和自己的创意，在移动互联网自传播的环境中，与他人进行信息交流进行信息反馈，去弥补自己在创意方面缺少灵感和在专业方面的知识缺失。

2）与相关领域范畴内的潜在客户进行有效的沟通。使潜在的客户在创业的过程中，为我们提供最真实的用户需求和价值取向，让创意有的放矢。另外，根据用户与社会某一类需求人群的需求点，去创意那些以结果导向的创意点。这一点，应该在双创教育中明确提供操作方案。

3）整合周边的强关系与弱关系。将身边可能会对创业有帮助的这些信息、人以及知识范畴有机结合在一起，高频次进行基于用户需求的交流。这样会在过程中激发出我们在平时交流与思考中所不能产生的重要增长点。

4）彻底落实执行线上交流与线下交互的操作模式。因为在移动互联网社交与自媒体发展繁荣的当下，线上交流能够让人们利用碎片化时间打破地域的限制，这样可以使交流变得更高效。由于线上存在不能面对面交流的缺陷，所以必须与线下的交互场景相结合。线下的交流方式有头脑风暴、专家咨询、项目路演等形式，这些形式将极大地促进创意领域的创业增长。

（4）增长方式。主要有以下3种方式：

1）纵向推进的创新模板。在这当中，会让创客在原有产生点的基础之上，通过纵向的推进，在其中不断地而串联地产生更多的创新项目的螺旋式递进，产生无限的创造项目的点，即从A点到B点。就像手机最早问世的时候，是一只又笨又重的大哥大。姑且称“大哥大”为A点，随着人们对手机外形，与配置的要求越来越高，渐渐地出现了翻盖手机、滑盖手机和平板手机，以至于现在出现连按键都不需要的这样的触屏手机、智能触屏手机，称为B点。在纵向推进的创新模板当中，从3个方面来培植专业的和从事创作人员的最基本的具备的操作条件。第一是基于丰富的知识储备与广泛的高度融合。第二是在事物的初始阶段就具备极强的好奇心。第三是对所研究的事物不能过于草率的下结论。要避免过度的匆忙与狂躁，避免因急功近利之心影响到深入的发明创造。

2）横向推进的创新模板。在这当中，会让创客在原有产生点的基础之上通过横向思维拓宽对知识范畴的选择范围，运用想象力对既有事物进行添加，使原有的创客项目产生很多其他的连接点，进行多产品的BB横向连接联盟，大幅增长创客项目的数量。这个模板的主要功能就是一个并联式的横向思维模式。例如，深圳某家公司就曾推出了一款产品——么么公仔，小巧可爱，是孩子的心头之爱。当人们进行横向思维的时候，就将这个毛绒玩具与蓝牙进行了有效的结合。家长通过微信扫描对公仔进行绑定，能在Wifi连接的前提下实现远程对话功能，使家长与孩子、孩子与公仔之间形成一个交流交互的模式，因此产生了两款新的这样的玩具。在操作横向创新模板的时候应该让人们有广泛的兴趣和对市场的深入探究，这就是横向连接重新排版，也称为BB联盟，就是两个产品连接在一起，两个或三个或五个横向连接在一起，这对提高创客项目的数量有非常大的增长性。

3）立体生态的创新行为。所谓立体生态的创新行为，就是在某个产品生产的链条上的创新。什么是链条呢？将产品服务以及信息从来源处安排到市场处所采取的一系列活动和手段的顺序。对产品的市场活动的一系列活动和手段的链条顺序进行再创新，寻找出全息的信息和增长点、产生点。重视以一个链条和一个核心的科技研发原点为主线的结合，来成批地、全产业地、全链条地促进创客项目数量的增长。在这一个大的链条上面进行一个思考，会找出其中很多的闪光点、产生点和增长点，因为需要从产品信息需求服务的来源到产品信息服务的点，一直到市场层面的应用、客户的反馈这一个大的立体的生态的链条上面，去纵向横向俯视仰视多角度的去看，才会发现更多的增长点。

（二）创客项目质量

创客项目质量包括以下几方面内容：

（1）控制点。要根据不同专业、不同领域、不同高校的教学范本与教学模板，对创客项目的质量设置标准的质量控制体系与控制点。质量的控制点需由由学校与实施人员商谈编定，并在实践中加以检验。

（2）控制方法。主要从结果出发寻找答案、倒推创造出来创客项目。这种从源头上以结果为导向的逆向求异思维的控制质量方法，在创业设计草图的初期，将会走上一条能够对接到现实应用中的规范之路。

（3）能力训练。主要包括两点：

1）建立项目基础文件库，在创造过程不断检测这些质控点，预防偏离质量控制的方向。

2）描绘各个质量关键创造点的鱼刺图，以在更细分方向上控制质控点，这样便于控制这些创业项目在创造性思维突进的同时不违背那些质量的关键点。

（4）项目路演。主要包括两点：

1）初级路演层次可测试项目可行性与需求性，提升项目优质率与项目团队成员的高频次交互。项目路演可以分为内部项目路演与外部项目路演。这一个层次的路演，是为了测试项目的可行性与需求性。集中内部参与人员进行一个正规的路演将一个创业项目完整的进行叙述，让大家进行在各个方面的评定以求项目的优质率的提升。开放外部的路演，也就是将非项目小组内的工作人员，非相关的人员与市场用户人员引进参与到项目的路演操作流程当中来。让他们站在各自不同的知识领域与市场用户需求的角度对项目进行意见反馈以及进行高频次的交互。

2）高级路演层次是对天使投资人进行的项目路演，是以项目与资本行为相结合的市场化来评判创造项目质量。因为评判创造项目质量的关键因素也取决于能否市场化。而能否市场化的关键取决于能否得到资本杠杆的支持，这个质控点非常重要。即使产品再好，项目再优秀，在市场推广中得不到市场的认可以及资本市场的认可，其他都是枉然。资本的逐利性注定了他们能够在专业角度来看待一个创业项目，这是一个创客项目重要的质量检测点。只有这样才能够最接地气地与市场行为相结合，与资本行为相结合，进而产生高质量创客项目。

第四节　高校创客空间的建立与培育

一、高校创客空间

在国家号召与推动的大众创业、万众创新的全民创业运动当中的背景之下，高等院校都纷纷依托各自高校资源在校园内建立高校创客空间。高校创客空间的数量众多甚至可与社会上的各类创客空间、创客实验室相媲美。

创客空间是各个不同的创客群体之间进行交流融合并且有着高效且集约功能的场所。创客空间、孵化器和联合办公室三位一体形成了当下创新创业生态体系的基础设施。创客空间的作用是帮助和支持一个具有潜力的创客或者创客群体成功的创造出一个具有社会价值的创业项目。

高校创客空间基本提供物理空间、基础办公设备、提供税务、法务、人力资源、天使投资、项目路演等相关创业服务。高校创客空间最大特点在于背后依托于高校的青年才俊和教育科研资源。在高校创客空间中，学生创客们利用高校创客空间提供的办公场所、宣传渠道、教授辅导等服务将一个想法变成一个产品、服务、品牌甚至一个平台，用这种价值来服务于高校中、城市中甚至社会中的某一类需求用户。高校创客项目借助高校创客空间这一平台实行通过资本的杠杆和天使投资的力量，进行有效的孵化，直到能够在商业层面有所倚仗、在市场层面有所作为。在这一方面，中国的众创空间在高校中与国外相对比稍显弱势，因为西方知名院校是私立学校的缘故，比如哈佛大学、斯坦福大学。民间资本加入的深度与广度总体来说更强。

二、创客空间的建立与产品类创客培育运营

（一）创客空间的建立

高校创客空间可以分为线下形态和线上形态。高校创客空间一般是以线下形态存在，多建立在校园的教学楼内、实验室内或是活动中心里等物理场所中。但线上多是以校内创客社群、创业网站和直播平台等媒体平台形态存在。

高校创客空间旨在为学校创客们提供活泼舒适却不乏严谨理论的创业氛围，因此在设施上除了咖啡吧、会议场所和休闲聚会场所这类基础设备之外，实验室中也应该具备各类制造类设备（如 3D 打印机）、各种检测设备和沟通类设备等。

组成创客空间的人群主要是由创客空间管理者、创客和创客导师三大人员组成。创客

空间管理者由学校创业部门相关的管理人员担任或聘请社会有经验的管理者；创客主要是高校背景的教授、学生等群体，同时也要吸引校外优秀的创客入驻；创客导师一方面是本校资深的商科教授，另一方面是往届毕业的杰出校友，同时还要聘请大公司高管、创业公司 CEO、政府领导、天使投资等社会人士。此外，还需要有足够的资金预算支持，实现新时代的创客空间运作。

（二）产品类创客的培育运营

产品类创客的培育应该进行专业化的运作和强强外联式的运营。具体的运营方法和路径应该遵循优势集约方式。

（1）要强化自主优势。重点加强对受教育者进行创客精神、创业能力、创业方法的强化培训，进而培育出具备自主创新精神、自主创新方法和自主创新成果的优秀创客、创客群体、创客组织。

（2）要“走出去”与“请进来”结合，使其在某一品类或方向上的优势被充分发挥出来，让更多的专业创客及创客组织为学校中那些有创客潜力和创造能力的人员进行创客精神、方法方案和成果创造的分享。

（3）将创业项目与资本有效结合，利用资本的力量将项目的价值发挥出最大化。

（4）推广创客文化，让创客文化深入学生人心。

三、众创空间的管理与种子类项目的输出

（一）众创空间的管理

高校众创空间的成长中，管理为重中之重，让专业的人做专业的事情往往是最妥当的。高校众创空间的管理主要工作是对接校内及社会资源。

在运营众创空间中，一是要有专业的团队、先进的商业模式以及法律的帮助，并将创客的想法、产品、服务、品牌与平台类项目进行高效运营；二是对接媒体资源，对创业项目提供市场营销与媒体宣传；三是邀请各行业领域的杰出代表作为创业导师给高校创客进行创业辅导；四是主办或对接项目路演和创业大赛将高校的优秀项目展示到社会中去，以此得到更多的机会。

（二）种子类项目的输出

种子类项目的输出是创业项目与天使资本及众投的对接。运用资本的杠杆将一类产品、服务、品牌、专利和平台推向市场快速孵化，再快速服务于用户。

众创空间除了自身所拥有的天使资本、天使投资人之外，还应该在社会上引进优秀的天使投资人和天使投资机构进行频繁的项目对接。众创空间成长中的天使对接决定着众创空间运营结果，同时也是能否出更多优秀项目的关键。中国高校双创学院中的通过高效的理念碰撞，以谋求众创空间在孵化创客产品服务以及品牌平台的时候少走弯路。用强大的资本杠杆介入再倒推某一行业能够产生高核心价值的品类进行资本输入。为此，高校应当保持高度警醒，因为所有的发明创造与所有的服务过程都是为了出结果和能产生一个有价值的产品甚至平台。

第五节　中国高校创客教育的未来发展趋势

一、未来高校创客教育发展的方向

随着科技发展和高校对于创客教育的认知提高，高校创客教育未来发展呈现出以下几个特点。

(一) 以实践为主导的教育方式

随着信息传播的极度发达，基于携带设备的新媒体正在取代传统的定时播放新闻而成为新的内容传播方式，内容和消息传递的开放与传播速度的增快使得高校不再是唯一的知识获取地。一方面，各种层出不穷的内容类网站、公众号、音频视频平台使得哪怕最复杂的理论也变得易于理解。而且这些内容的创作很多是处在行业前线的实践者撰写的，所以越来越对高校本身获取知识的价值产生了替代性作用。另一方面，在这个新兴技术与创新概念层出不穷的时代，学校无法跟上科技和社会进展的脚步，导致学校教学内容和现实所需知识的极度脱节。

未来高校创客教育发展不仅要在理论方面与科技创新和商业趋势进行同步，同时还要将教学重点从“理论”向“实践”进行转变，提供真实的创业项目来让创客们在创业实践过程中学习该如何进行创业和积累创业经验。因此，高校创客教育的发展需要直接通过参与一个真实的创业项目来学习如何进行创业。例如，在多伦多大学 HI 实验室里，工程师、设计师、MBA 和企业老板会一起合作，通过一个个看似简单但蕴含很多创新和创想的项目，将每个人最擅长的能力都充分发挥。整个教室就像变成了一个巨大的游乐场，而各种高新科技，如 3D 打印机、VR 投影，可穿戴设备就好像玩具一样被每个人员用来组合，连接和改造成不同的新项目点子。所有的点子从被提出到实现仅仅需要不到 3 天时间，而每个所实现的创业项目却又让人惊叹不已。这也让此实验室中的每个人都成为了创业者，做出了如 Meta AR 和 Interaxon 这样的拥有上亿美元估值的项目。

(二) 跨界、跨领域、跨行业融合的教育方向

培养单一专业领域的创业型人才已经无法满足未来多变市场的需要，高校创客教育未来发展趋势应该向培养掌握跨界跨领域专业技能并且能将多领域进行跨界融合进而产生创新创造的复合型人才。

跨界跨领域之间的融合是需要专业领域与进行延展的领域之间存在一定的共性及联系。一是可以低成本高效率的学习到新一领域的知识；二是可以帮助创客教育的受教育者去创造出颠覆性创新产品。事实上，创新往往是诞生于两个领域之间的融合。

如，让一个主业是市场营销的高校创客教育受教者直接去学习投行行业相关的知识，相信这对很多人都是困难的。但是如果换个方式做，将起点（市场营销）与终点（投行）之间进行路径化分解，市场营销专业的学生（从事金融行业的市场营销工作）学习金融行业的基础知识—学习投行行业知识这个学习路径进行学习的话，学习起来就会容易很多了。

跨界、跨领域、跨行业融合可以分为阶段性跨界融合创新教育和颠覆性跨界融合创新教育。

一是将自身专业与延展专业的共性点进行融合这是跨界学习的第一阶段，属于阶段性跨界融合创新教育。二是跨界跨领域学习的深层次阶段，即颠覆性跨界融合创新教育，即直接学习宇宙中的第一性原理，然后通过第一性原理去学习其他领域时就会发现它们之间的规律是相通的，此时再通过自身发展和创业将两个独立的领域进行连接进而产生想要的新物种。正如亚里士多德所言："在每个系统探索存在第一性原理。第一性原理是基本的命题和假设，不能被省略和删除，也不能被违反。"虽然说每个时代都有新技术新物种新理念的出现，但是实际上宇宙的运转规则是万变不离其宗的。

学习第一性原理的方式有两种：第一是直接学习哲学。通过哲学思想从下到上来看来分析各个专业领域。也就是首先发现一个专业领域最本质的原因，然后从这个原因一步步往外推理出高校创客想要的最终结果。第二是通过专注学习一个专业领域，将这一领域学精学透。也就是一层层地拨开这个专业领域的表象，一步步看到里面的本质，利用这个本质再向另一个领域往上走，学习另一个领域。这种教育方式最大的好处就在于可以直接通过本质自如的将自已想要的两个不同领域进行融合进而产生颠覆性创新。

因此，对于未来创业型人才的培养方向上就不能再仅局限于某一专业领域而是要让受教育者不断地拓展自己的知识和技能边界并且将他们之间的共性进行融合创造。另外，对于有潜力的人才应该进行颠覆性跨界融合创新教育，直接让他们通过学习第一原理来进行颠覆性产品的创造创业。

（三）全球性协作的教育方向

在互联网已经正在向商业底层基础设施的发展趋势下，互联网连接万物的本质已经将世界连接成一个整体，商业环境市场竞争呈现全球化趋势。

对于未来高校创客教育发展来说，要做到以下几点：

（1）开放眼光，将本校创客教育的发展定位于全球局面，即在全球的商业环境中处于怎样的一个角色。寻找各国各地的商业资源和商业机会。

（2）学习世界各地特有的优势专业及创业理念，比如美国和以色列的。并且将国外先进的理论与本校的创客教育进行融合，增强本校独一无二的核心竞争力。

（3）与全球性人才"因项聚才"。合作组织形式呈向"因项聚才"的模式，即基于一个项目本身来吸引、组建、运营一个团队，当项目完成，团队便会解散。而当一个新项目到来时，基于项目的性质及情况进而组建成一个新的团队，项目之后便散去，依此循环。这样模式的最大好处在于可以基于每个项目来吸引到最适合和最优秀的人才。

（4）全球协作已是未来发展趋势。中国高校在创客教育未来发展中应该紧随这个趋势。不仅对于本校创客教育本身来说应该利用全球化的定位、学习世界先进模式和吸引全球人才，对于教育所服务的个人和项目来说，更是应该进行全球性协作，让全世界最优秀的工程师、设计师等人才为你服务，最先进的科研技术开源让你使用，最高效廉价的制造企业为你制造产品，影响力最大的媒体为你传播……这才是全球协作下未来创业的模样。

二、未来高校创客的前沿成果转化点

创客将自己的创作成果在产品实现的过程中靠自主的力量进行运营、管理及孵化，这是最常规的创客成果转化。另外的，进一步加上资本的介入和市场的推动也是一种成果的转化，但这种转化往往被应用于发达国家，如美国和日本。

（一）创客成果分类

创客成果有多种类别与分类标准。按着技术价值分类而言，科技成果创客项目成果、技术改进创客项目成果、专利申报类创客项目成果与品牌平台类创客项目成果往往并存。按着商业价值分类而言，创客成果的产品类创客项目成果、营销类创客项目成果、科技类创客项目成果构成基本常态。

按着成果形成形式分类而言，自主研发的创客项目成果、先期购买其机构的项目成果、合作研发的项目成果是最为常见形式。

（1）自主研发的创客项目成果。自主研发的创作成果是指创客在项目所在的创客空间和自己的资源体系当中自主研发出来的产品。这一类成果是有很大的自主权，应当进行专业的知识产权的保护和工作过程中保密体系的保密，也最容易在未来产生社会价值和有价值的商业行为。因此，在未来教育过程中，应当将其视为重点的教学与创造范畴进行有效的工作。

（2）先期购买其他机构的项目。这一类的创客成果的来源是在自主研发的框架下或是在某一专利框架下，为了提高创造过程的效率和不违反其他科研机构科技专利保护的范畴，购买其他机构研发好的科技成果进行孵化，或将其并入自己研发体系的某一局部成为主体或成为辅助体。这类成果的重要性是在社会化大生产的环境下，能够充分地将人类的智慧所产生的结果在公平公正的商业交易和专利保护体系下，进行有效的价值交换，以提高某一领域或某一产品进行有效迭代的效率，进而产生的一类成果模式。

在未来中国高双创教育中，应重点搭建有效的沟通平台，让这类产品和创客行为进行更加高效透明的交流，以便于提高高校教学与成果产生的速度与质量，更快速地让学校、企业与商业实践并行成生态闭环。

（3）合作研发的项目。在自主研发的前提下，在购买其他机构创客成果的背景下，有时候个人不能完全发明一项价值产品和服务，也无法购买其他人进行专利保护的这样的领域，甚至为了提高效率要大力地、开放式地进行联合作业，因此产生了自主研发项目这样的模型。它将强强联合叠加在一起，达到了缩短研发的时间提高研发的速度保证研发成果产出质量的效果。在双创过程中，应站在官方的角度协同项目的产生，使两所高校研发机构甚至多所高校的双创机构和双创项目进行有效的沟通和高效的协同，以便于有效地利用各自的优势，充分地发挥各自平台所具有沉淀下来的智本资源，为能够创造出来非常优秀的创客类产品进行高效的集约化运作。

（二）创客成果的转换路径

创客成果的转换路径有：

（1）自己运营管理。自己运营管理是指自主研发和自主创造出有价值的产品及服务，在产品实现的过程中靠自主的力量进行运营、管理和孵化，也是大量的创客空间和科研机构常见的常规转化方式。自己运营管理是需要具备先进的产品、价值服务和有能力的营销运营团队，充足的资本资金现金流和能够操盘资本杠杆的高端人才。

（2）资本介入，市场强力推动。让天使资本介入市场，助力推动这一类的创客成果转化路径和方法在发达的美国、日本和其他的国家运用的比较广泛。此类创客项目适合营销类、创投类和平台类的创客成果，需要有大量的资金作为后盾在市场上做到快速的崛起和赢家通吃的效果，例如已经获得成功的滴滴打车等项目。当时起盘的网约车平台也有百家，其商业模式完全是雷同只是品牌名称有所区别。经过资本的催化，强力的资本杠杆的介入和先进的商业运作模式走向了大的赢家通吃的平台。最后滴滴与快滴合并，又收购了优步，现在变成了一个独角兽。近期的共享单车项目依然也是一样。在市场初期，百家企业进入并且模式基本雷同，后来摩拜单车和 OFO 经过资本的催化大量地复制模式已覆盖市场。

（3）合作并购运营快速切入主流市场。这类创客成果转化未来需要通过项目的合并、并购和运营让其快速地切入主流市场，使自己成为行业的独角兽并具有核心的商业运作价值。例如京东这样的商业体在运营过程中，因为自己的商业模式板块中缺少移动社交这样的基因，因此它与腾讯进行了股份的置换，以寻求在合作并购运营中，快速地切入到主流市场。例如摩拜单车在运营的初期就联合了最大的移动社交平台腾讯。

合并、并购、运营、快速切入市场这些已然成为创客在后期创客成果转化中必须用的办法，甚至于重要性高过对产品与服务的发明。因为发明再多的东西，创造再多的价值，如果不能进行社会化的商业转化就是浪费社会资源。

三、校企结合价值创造输出的“本然”发展模式

在未来的创业环境中，高校与企业之间融合的越来越紧密是必然趋势，即创造在高校中创业，在创业中学习的创业形态。把这种能够在读大学期间就可以进行创业，以大学理论知识去指导创业实践，用实践去验证理论，再利用理论进而帮助解决创业问题的模式称作“本然模式”。本然模式是通过让高校在校创客进行企业项目实践并得到教授辅导的方式将高校理论与创业实践相结合的创业前培训教育模式。

“本然”即最本质最自然的模样，强调的是世界的自在性、客观性、必然性。本然模式的本质是通过将高校创客、公司项目负责人、大学教授组合到一起的情况下，将三者最大的痛点解决。其中，公司项目负责人的痛点是招募上来的新员工需要太长时间才能适应工作，而且很多应届生虽然想法很多但是又很难按照想法去做到，这是学校在理论知识为主导前提下造成的最大弊端；教授的痛点则是因为自己太过专注于理论而不能实践，导致了他们实践能力较弱，而由于他们担任了设计教学课程的重任，导致了他们设计的课程通常与实践完全不沾边，同时使得课程或者实践本身变得鸡肋，而这又间接导致了学生只学会了理论知识而很多知识未必能在创业实践中用到。本然模式其实就像是一个创业的实习，在高校学生开始正式创业之前，先让高校创客在一个项目中体验经历创业的全流程，在积累创业经验之后就能在创业事业上获得更大的成功。类似的模式已经出现在了加拿大西安大略大学国王学院（King’s University College at Western University）。在学校的支持下，学生们利用自己的课余时间承接并完成一些当地的市场营销类项目。基于一个项目的性质

来组建项目小组，在完成项目之后便解散，当一个新项目接到时再基于其性质组建相应的项目团队，以此循环。通过在校期间真实的实践企业项目来丰富自己的简历内容和提高自己的专业能力，为毕业后开始正式创业进行了创业初体验。

本然模式这样创新地提供企业项目进行创业前培训的创客教育模式无论对高校、高校创客还是公司都可以带来好处：一是对学校而言，既可以培育孵化更多数量和高质量的创业项目和培养优秀的商业领袖型人才，还可以让教授专注于自己的研究并且把研究的成果转化方面让高校创客帮忙来做。而学生通过自己对市场趋势的判断将教授的理论和科技转化为更适合民用的项目，继而将他们变成可以商业化的项目。二是对公司来看，这样的模式既可以低成本尝试创新新业务拓展公司的业务范围以及增强公司的核心竞争力，又节省了公司的人力成本，还可以培育和储备优势的人才，更能在孵化出的项目具有商业价值时，可以对其进行投资或收购，最后得到商业回报。

第六章

国外创新创业教育的院校实例

第一节　英国剑桥大学（University of Cambridge）

剑桥大学是英国享誉全球的一所著名的公立大学，其双创教育及其实践拥有鲜明的特色与成功的案例。

一、剑桥集群

现代的剑桥集群（The Cambridge cluster）建于1960年，快速发展始于1970年，时至今日业已成为欧洲最大的科技产业集群，超过6万名员工在剑桥镇及其周边地区为集群内的至少4700家知识密集型企业工作，年营业收入逾120亿英镑。

学校的员工及其创意是集群中很多企业的核心。集群中逾1.1万人是学校的雇员，企业所需要的科学技术、知识与技能也大多源于学校。学校还通过商业咨询活动与科研成果授权应用等方式为集群的发展做出贡献。集群中的包括圣约翰创新中心、彼得豪斯科技园、商学院创业中心（含剑桥加速器项目）与创意空间企业加速器在内的有助于集群持续壮大的服务设施等也不能没有剑桥大学及其各个学院参与其中。

二、剑桥企业有限公司与贾奇商学院创业中心

为了帮助师生创新，学校采用多种机制。不但各院系能够在此方面提供支持，学校还有一些部门专门从事此项工作，例如提供技术转移、企业咨询与种子基金服务的剑桥企业有限公司（Cambridge Enterprise），以及从事创新创业教育与实践活动，通过一系列的实用课程指导学校的科学家、博士后与科研人员将创新运用于实践，助其创办企业并促其发展壮大的贾奇商学院创业中心（Cambridge Judge Business School Entrepreneurship Centre）最为典型。

（一）剑桥企业有限公司

系剑桥大学的全资子公司。凡是学校能够接触到的科研领域，无论科学技术、医药抑或人文社会科学，公司均可向师生以及其他相关人员提供包括发明与创意保护、授权使用与咨询合同签署、企业设立、基金投资在内的各项服务。公司现管理着1473个有效的知识产权、授权使用与咨询项目以及至少74份股权合约，正帮助至少1605名科研人员进行不同程度的商业化运作。2015~2016财年度，公司助其客户赢得了高达3500余万英镑的转化基金。

（二）贾奇商学院创业中心

贾奇商学院创业中心作为一个教学单位，主要负责鼓励、促成创业活动，并开展这方

面的科研工作。从创业者身份的确立，到早期企业的诞生，再到企业规模的扩大，创业中心始终全程陪伴。

在教学上，创业中心既提供研究生层次的学历教育，也提供各种形式的非学历教育。其开设的主要课程如下：

（1）“从这里起飞”（Launchpad）。创业中心开展学历教育，此部分业务于 2017 年被命名为“从这里起飞”。自 2011 年起，中心即开设研究生层次的非全日制的创业学专业，学员在实践中学习，历经 11 个月的修读后获得研究生毕业文凭，无硕士学位。统计数据显示，2011~2017 年期间在该专业就读的学员中有一多半均在学习时或毕业后创办了企业，凸显了该专业的实用性与有效性。自 2018 年起，中心还将新增可颁发硕士学位的创业学专业，同样为非全日制，学制两年。宽松的时间使学员们可以一边上课，一边投身于创办新企业的工作中，或者继续从事自己已有的职业。

（2）“周二企业讲堂”（Enterprise Tuesday）。2 月和 11 月每周二的傍晚，学校会在工程系开办此企业讲堂，学员在讲堂上接触到商务知识，并受到创业方面的启发与训练。课后还有 1 小时的自由讨论时间。该课程向各大学师生以及剑桥当地的企业界人士免费开放，且学员不受教师的考核。

（3）“剑桥加速器”（Accelerate Cambridge）。这一课程旨在指导创业者孵化出新企业并对其进行培育。针对处在不同创业阶段的人群，该课程提供不同的指导方案。除针对较为成熟的企业的方案为期不超过 18 个月以外，针对其他人群的课程固定为 3 个月时间。在课上，学员接受创业教育及其训练，定期获得导师辅导，且可使用共享工作空间。

（4）“点燃梦想”（Ignite）。该课程为期一周，采取集中学习方式，适合已经有商业设想或已经设立初创企业的学员。在课上，学员会进一步评估、验证自己的商业计划的可行性，提高未来成功的可能性。教学环节包括实用教学环节、专家诊所、导师环节，学员还能从业内知名的创业家与革新家处得到建议与支持。该课程能使学员拓展人脉，并用高水平业界导师的知识与经验武装自己，进而提升学员已有的商业背景。课程开设十余年来，据估计学员们已经建立了至少 170 个企业，且这些企业仍在运作。

（5）“高科企业”（Enterprise TECH）。只对剑桥大学某些理科专业的本科生和研究生以及 MBA 学员开放，旨在促进建立在高新技术基础上的创新与创业。学员通过分析位于早期阶段的科技成果并为成果拥有者制作商业化运作可行性评估报告的方式了解如何进行技术转移。近年来，大约 500 名学员与至少 30 名科技成果拥有者合作产生出了近 100 个项目，其中有至少 50 项新成果获得了评估。

（6）“创业周末”（Venture Creation Weekends）。该课程的特色是学员只需要一个周末（两天半）的时间就可以对自己的商业设想进行思考、验证，并组建自己的团队。每个创业周末均会聚焦一个行业领域，从物联网、可穿戴技术到教育技术、金融技术、生物技术，相关领域的创业者可以从资深的创业家、导师、投资人那里获益良多。

（7）“聪慧企业”（Enterprise WISE）。课程专门针对科技领域的女博士在读生与初入职场的女性。学员利用两个周末的时间增强其成为女性创业者的信心，了解女性科技创业者所面临的现实问题并构建女性创业者的社交网络。

（8）“中小企业成长挑战”（SME Growth Challenge）。针对中小企业在发展壮大过程中遇到的困难，贾奇商学院决心提升这些企业的管理能力，帮助它们成长。

第二节　美国百森商学院（Babson College）

一、百森商学院基本情况

百森商学院的主校区位于美国东北部城市波士顿的郊区，波士顿是美国著名的“大学城”，云集着全球排名第一的哈佛大学和包括麻省理工大学在内的多所知名高校。作为一所建立于1919年的非营利性质的私立大学，百森商学院本身规模不大，2015~2016年间仅有来自80余个国家的大约3000名学生在读。然而就是这样一所看似不起眼的学校，却以其在创业教育上的卓越成就闻名于世，美国知名的大学排名机构更是长期将创业学领域的皇冠宝座让与百森商学院，例如在《美国新闻与世界报道》公布本科创业学专业排名的1995、1996、1999~2018年间，学校就始终名列美国各大学中的首位，研究生层次的创业学专业从1994年到2018年也始终雄踞榜首；美国普林斯顿评论公司和美国《创业者》杂志多年来也认为学校的创业学专业在全美拥有最高水准。

学校拥有富有实际应用经验的世界一流的师资队伍。近200名全职教师中，87%的教师拥有博士学位或同等学力，他们之中有创业家、企业高管、学者、作家、科研人员、诗人和艺术家。这些教师开设多达100余门的创业课程。根据《创业者》杂志近年提供的资料，学校的全部创业学教师都拥有创办、收购或运作业绩良好的公司的经验。

学生们在创业领域的表现也毫不逊色。35%的学生的家人拥有自己的企业，45%的校友拥有自己的企业。根据《创业者》杂志近年提供的资料，在过去的10年间，学校的本科毕业生创办了565家公司，研究生毕业生创办了1156家公司。

二、“创业思维与行动”方法

（一）学校认为，其成功，很大程度上得益于其对创业的独特认识

创业不只是一门学科，更是一种生活方式，以及在此认识下形成的独一无二的教学理念与方法、课程体系、科研活动以及辅助教学实践活动。百森商学院的创业教育基于如下几个关键设想：

（1）创业家精神和创业思维有关，创业家精神是一种解决问题的思维方式与方法。

（2）创业技能可以通过学习来获得。

（3）创业包含两种基本逻辑，即创造与预测。

（4）创业活动可以在多种环境下开展，例如营利性、社会性或非营利性组织，基金会，一人公司，初创企业，大公司等。

（5）开展创业活动的时机也有很多，例如在管理家族企业时、收购企业或购买特许经营权时、创办企业时、购买一项技术时等。

（二）学校认为，创业家精神不仅仅和创办企业、投资孵化有关

同时也应该把那些能够持续不断地思考应该如何就地取材地利用手头的优势与资源来制订并实现目标的人们囊括进来，这些人可以是小说家、赛车手、牧师、教师、艺术家，

也可以是从事其他任何职业的人士。无论在何种类型与规模的组织里，抑或在成熟企业和初创企业中，创业家精神都可能成为一股重要的力量。如果以创业家的眼光看待这个世界，人们不仅可以解决商业问题，还可以解决更多其他问题。

（三）学校认为，各行各业遇到的问题，都可使用“创业思维与行动”法

包括在大公司内进行革新活动、供养家庭、创建慈善组织、解决全球社会问题、创办企业，都可以使用一套叫做“创业思维与行动”（Entrepreneurial Thought & Action®，ET&A™）的独有的方法来解决。

简单来讲，学生想要实现一个目标，但条件可能不完备，掌握的信息也不多，在这种情况下，学生不应该忧虑自己是否能够实现既定目标，而应该着手眼前，在了解自己是谁、自己知道什么、自己认识谁之后思考当下应该利用已有的资源做些什么。在迈出第一步之后，学生应根据其从实践中获得的新信息来指导下一步工作，如果有必要，还应该据此调整自己的目标。如此反复实践，直到克服各种障碍，使自己适应环境，并实现自己的目标，虽然该目标可能已经不再是学生最初选定的目标。

（四）学校认为，像创业家一样思考与行动是可以传授的

像创业家一样思考与行动，并不仅仅是人的一种倾向而已，它也不是某些人与生俱来的特质，相反，它是可以教的。学校在本科生、研究生与公司高管的教学中坚持以“创业思维与行动”这套方法论为指导思想，学生们学习那些欲形成创业家思维方式则必须掌握的基础商学与人文科学知识，然后学以致用，利用自己渊博的商学基础知识与缜密分析的能力在行动、实验与创造力之间取得平衡，应对商界的现实问题，成为在校园乃至全球发挥影响力的领导者，最终创造经济与社会价值。

以本科生为例，所有的大一新生均需修读为期一年的创业实践类课程——“管理与创业基础”。百森商学院认为，理解一个公司是如何运行的唯一途径就是实际运行一个公司。所以，“管理与创业基础”课程采取典型的“干中学”模式：学生组成创业团队，学校提供不高于3000美元的启动资金，学生团队负责投资、发展、创办、管理一个企业，并在学年末进行清算，企业最终盈利全部捐赠给“社区服务计划”。自从1999年开设此课程以来，已有多达43万美元的资金被捐赠了出去。学生在长达一年的时间里完全“沉浸”在真实的商业世界里，有机会了解公司运营的方方面面，并确定未来学科与职业生涯发展的方向。

三、辅助教学的实践活动

百森商学院丰富的辅助教学实践活动也同样具有其鲜明的特色。其中，阿瑟·布兰克创业中心（The Arthur M. Blank Center for Entrepreneurship）举办的创业活动最为知名，主要包括 Rocket Pitch、B. E. T. A 挑战赛、夏季创业项目和创业加速器等富有特色的实践活动项目。

（1）Rocket Pitch（一项年度创业盛会）。在大会上创业者可以向作为观众的学生、教师、企业家和投资者推销自己的创业理念。之所以冠以 Rocket，是因为每个创业者只能在3分钟的时间内快速简洁将自己的创业想法呈现给观众，激发大家的投资兴趣。

（2）B. E. T. A 挑战赛。主要面向本科生、研究生和校友开展，获胜者将获得两万美元的现金大奖和赞助商的捐款。B. E. T. A 挑战赛不仅是一个商业计划竞赛，它还要求获胜者必须在规定的时间内成立实体企业，大赛奖金并不是授予参赛者个人，而是注入所成立的企业，成为企业运营资金的一部分。

（3）夏季创业项目。这是一个为期十周的旨在加速学生所创企业发展的创业支持项目。在这十周之内，学生创业团队将可以获得住房、工作空间、顾问和其他资源，以促使其业务可以在这十周内得到快速的发展。

（4）创业加速器。主要为学生提供一个可以全面感受创业家精神的创业生态环境，学校为学生创业提供指导、创业建议、工作空间和启动资金等创业支持，有力推动学生创业。

总之，与市场的直接联系是百森商学院辅助教学实践活动的显著特色，基于市场逻辑的活动设计也使各项创业实践活动具有旺盛的生命力。

第七章
中国高校创新创业教育典型院校

第一节　双创典型院校——天津大学

一、学校发展的基本情况（数据截至 2017 年 12 月 31 日）

天津大学是教育部直属国家重点大学，其前身为北洋大学，始建于 1895 年 10 月 2 日，是中国第一所现代大学，素以“实事求是”的校训、“严谨治学”的校风和“爱国奉献”的传统享誉海内外。1951 年经国家院系调整定名为天津大学，是 1959 年中共中央首批确定的 16 所国家重点大学之一，是“211 工程”“985 工程”首批重点建设的大学，入选国家“世界一流大学建设”A 类高校。

天津大学卫津路校区占地总面积 140 万平方米，建筑面积 138 万平方米，教学科研用房建筑面积 83.6 万平方米。天津大学北洋园校区占地总面积 243.6 万平方米，建筑面积 130 万平方米。学校卫津路校区有两座总建筑面积为 2.6 万平方米的图书馆，北洋园校区有一座 4.3 万平方米的图书馆，两校区馆藏书刊总量近 300 万册，另有多种音像资料、微缩资料 1.45 万种，电子数据库 86 个。

现有教职工 4727 人，其中有中国科学院院士 5 人，中国工程院院士 7 人。国家“千人计划”入选者 92 人，天津市“千人计划”入选者 219 人，“长江学者”特聘教授、讲座教授 62 人，“973”首席科学家 17 人，国家杰出青年基金获得者 44 人，国家“优秀青年科学基金”获得者 45 人，国家“万人计划”领军人才入选者 27 人，“万人计划”青年拔尖人才入选者 8 人，具有正高以上职称的教职工 846 人，教授 779 人。学校现有全日制在校生 33159 人，其中本科生 17724 人，硕士研究生 11410 人，博士研究生 4025 人。

学校以培养高素质拔尖创新人才为目标，坚持“办特色、出精品、上水平”的办学思路，坚持“育人为本”“教学优先”“质量第一”的教育教学理念，对学生实施综合培养，不断加强本科教育，大力发展研究生教育，建立起了适应新世纪经济建设和社会发展需要的教育教学体系。现有国家级教学名师奖获得者 6 人，国家级教学团队 9 个，国家级精品课程 42 门，国家级双语教学示范课程 6 门，国家级专业综合改革试点项目 6 项，国家级人才培养创新实验区 10 个，国家级“十二五”规划教材 27 种（参编 2 种），并有国家级工程实践教育中心 12 个，国家级实验教学示范中心 7 个，国家级虚拟仿真实验教学中心 3 个和“国家大学生文化素质教育基地”“国家示范性软件学院”“国家集成电路人才培养基地”，全国示范性专业学位研究生联合培养基地 4 个，是首批“国家大学生创新性实验计划”入选学校。毕业生一次就业率始终在全国高校中名列前茅。

学校科研实力雄厚，始终聚焦国家重大战略需求、聚焦世界科技发展前沿，取得了丰硕的成果。有4个国家重点实验室，4个国家工程实验室，1个国家工程技术研究中心，3个国家工程研究中心，3个国家国际科技合作基地，8个教育部重点实验室，5个教育部工程研究中心，23个天津市重点实验室，27个天津市工程中心，22个天津市国际合作基地。有国家自然科学基金委创新研究群体3个，教育部创新团队12个，国防科技创新团队1个。

天津大学建校122年来，为祖国培养了20余万名高层次人才，为我国近代工业体系的创立和现代经济社会的发展做出了不可磨灭的贡献。

学校重视国际交流与合作，现有各类留学生3046人，来自140个国家和地区。与世界上42个国家和地区的210所高校、研究机构及公司签署协议。在海外成立了3所孔子学院。

在21世纪之初，学校制订了面向新世纪的总体发展目标和“三步走”发展战略：努力把学校建设成为世界知名高水平大学，并在21世纪中叶建设成为综合性、研究型、开放式、国际化的世界一流大学。

二、双创教育的实施成效

（一）建成具有宣怀特色的创新创业教育教学空间

宣怀学院于2017年建设完成技术创业中心，主要包括：

（1）原型机实验室（天津大学—国立光电创新实验平台）。为校企合作建立的实验室，支持学生以科技创新类团队的形式开展研究和实践活动，通过合理、高效利用学校各学院各种科技资源，以技术集成创新、产品化应用为目的，有效推动学校科技产品化，盘活现有资源，提高各学院实力和影响力，培育重点包括智能家居、电子信息、工业设计等项目。2017年10月原型机实验室装修改造完成并投入使用，开展了一系列跨学科、跨领域的项目和活动，为在天津大学进行交叉学科整合保驾护航。

（2）心讯IT实验室。2017年3月由深圳心讯科技有限公司捐款设立，旨在给热爱科技的同学提供浓厚的研究氛围和良好的实验环境，让同学们能将专业课的知识付诸实践，增强动手能力。实验室主要研究学习方向有Android开发、Java web开发、虚拟现实、搜索引擎、机器学习等。

（3）乐高实验室。于2017年10月建设完毕，该实验室将引进创新组合拼装模型，作为双创思维训练载体，通过与学院的课程结合，面向全校学生开放，激发学生的双创想法，进行创新思维锻炼，培养新型的双创人才。

成立于2017年的社会创业中心，已支持社会实践队“微漾经心”“羽梦津夏”赴云南凤羽开展社会实践活动，自2014年起已连续四年深入云南凤羽镇帮扶当地留守儿童，并完成天津市公益创投项目。

2017年11月成立的风险双创联盟，通过整合能源与基础设施领域的工程技术和商业管理等业界资源，结合高校研究资源，打造集产品研发、产品孵化和应用推广等一系列研究及服务的开放式双创联盟。

（二）以双一流和新工科建设为契机，建设创新设计与卓越创业项目

宣怀学院以双一流和新工科建设的契机，以培养具备创新能力、企业家精神的卓越人才

为培养目标，在天津大学宣怀学院搭建跨学科的创新教育项目——创新设计与卓越管理。该项目是教育部首批国家级新工科研究与实践立项项目，也是天津大学首批新工科试点项目。

该项目将设计、工程和管理教育相结合，通过项目建设，积极探索实施大类招生、大类培养、双创实验班等多模式的教育教学改革。项目拟计划将工业设计、工业工程和工商管理三个专业交叉融合，对培养方案、课程团队、师资队伍、教学模式和方法进行重新设计，实施完全学分制，与企业进行全方位对接，实施“学习—实践—创新—实践”的全链条培养过程，引导学生发现市场生活中的各种产品以及行业切实存在的痛点，找到解决问题的方法和途径。在此基础上，形成“IDBE+新兴工程技术领域（人工智能、绿色环保、大健康等）”的新型创新创业人才培养体系，促进学科之间的交叉与融合，培养充分理解和认知新技术发展和未来社会发展，具备设计思维、创新意识和创业能力的双创领军人才，如图 7-1 所示。

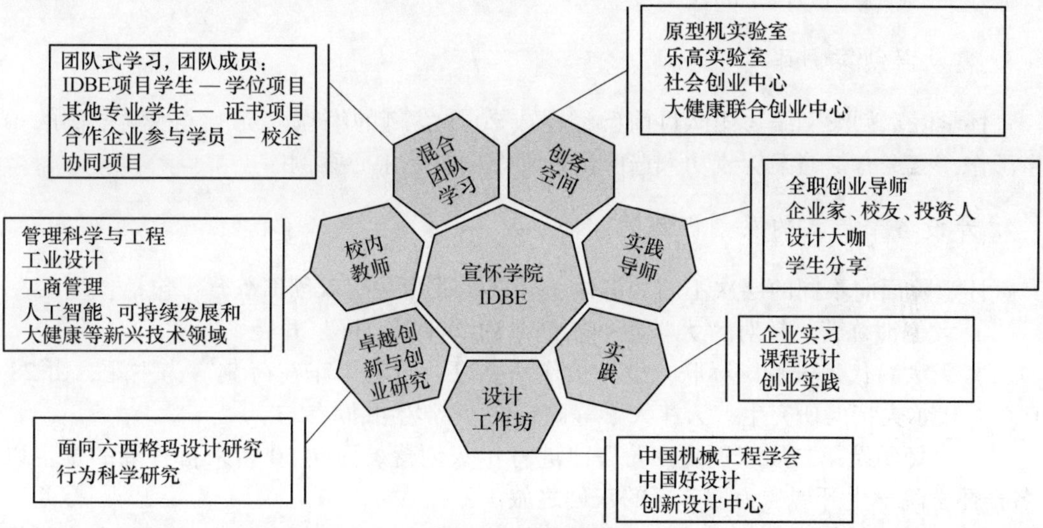

图 7-1　宣怀学院

（三）创新创业教育项目建设取得显著成就

1. 开设工商管理（创新创业方向）辅修学位项目

自 2015 年在 2014 级本科生中开设工商管理（创新创业方向）辅修学位项目以来，已招收三届共 150 余名学生，基本涵盖天津大学所有学院。

该项目通过整合天津大学经管学部、天津大学工业设计系以及业界师资，对接企业实践活动等工作保证了课程质量和教学效果，并逐步形成了相对完善的课程体系，涵盖了经管类基础课、双创类专业课和双创实践课三大类课程，并不断探索教学模式和教学方法的改革，取得了很好的教学效果。

2. 开设全校公共双创选修课

宣怀学院面向全校开设公共选修课程“创业实境演练”“创业案例遍变辩”。

（1）《创业实境演练》（OIPEC 示范课）。已经连续开设三个学期，5 个班次，本、硕、博、MBA 等不同层次学生参与课程。以 11 家创业企业的真实问题作为教学素材，通过多位教师共同讲授、教练辅导、企业家参与讨论、课后调研等方式提出了针对创业企业真实问题的解决方案，得到了参与企业的好评和学生的热爱。十余家媒体对该课程的创新模式进行了报道。

（2）《创业案例遍变辩》。课程打破了传统的案例教学模式，邀请多位企业家和创业专家参与案例分析，让学生对真实的创业案例产生全面、深入的认识，将理论知识与创业实践深度融合。遍变辩是本课程的三大特色。"遍"是指本课程将精选各个行业和领域的典型案例，帮助学生实现对热门创业领域进行全面了解；"变"是指从创业团队、产品创新、商业模式、营销策略、融资方案等不同视角对创业案例进行分析，强化学生对于创业案例的深入理解；"辩"是指对案例分析的不同观点的碰撞，推动学生对案例形成自我理解，提升学生在案例分析中的自主性。

3. 建设双创案例库

宣怀学院双创案例编写团队目前已经完成 20 个案例的编写以及 1 个视频案例的拍摄编辑工作，已经有 1 篇案例成功入选中国管理案例共享中心案例库。

4. 开设各个层次的双创训练营

宣怀学院面向不同的层次不同的群体，开展实战为主的双创训练营，包括：

（1）大创训练营。针对"大学生创新创业训练计划项目"开展。

（2）天大—代尔夫特国际联合设计工作坊。以"电动单车在荷兰"为主题，由 28 名来自荷兰代尔夫特的研究生、天津大学等高校 28 名学生共同参与。

（3）宣怀学院第二届双创夏令营暨津港青年双创营。面向 50 名来自香港的学生以及 50 名宣怀学院学生开展的为期 6 天的双创之旅。

（4）中学生科创夏令营。不但培养学生们的创新思维和动手能力，为学生和家长提供一个正确学习认知、深入了解天大的机会。

（5）宣怀实战创业训练。与 92 咖啡创业团队携手进行"创业扶持再创业"的活动，同时设立 92 咖啡创业基金。

5. 进行创新创业教育改革与创新

2017 年，宣怀学院获得第八届高等教育天津市级教学成果奖一等奖 1 项（"研究型大学'创·新·力'创新创业教育生态体系的构建与实践"）；获批天津大学教学改革项目立项课题 1 项（"任务导向的教学内容体系重构与实施方案"）；承担天津市社科重大项目 1 项（"天津市创新创业教育发展战略研究"）。

学院已经开展的学院课程建设和教学改革项目共计 10 项，其中包括网络课程 2 项、翻转课程 1 项。其中"创业实境演练""创业案例遍变辩""工程与技术前沿"等均为全新设计的创新课程，课程模式和效果得到了学生以及合作企业的认可。

"工程与技术前沿"等课程积极探索有效的课程考核方式，提升学生学习的获得感。该课程由专业教师主讲，每一次的课程均邀请其他学科的教授、学者、专家分别技术前沿讲座，同时由主讲师负责产业机遇与创新点的解读、分析。本课程41名学生，25个专业，课程考核方式有撰写发明专利与撰写产业报告两种方式可选，所有学生均选择了撰写发明专利。

（四）建设完整的创新创业生态系统

1. 整合校内外双创资源和双创教育

（1）建立创业辅导办公室（金教练工作坊）。专门开展创业路演指导、咨询和服务，面向各级各类大赛和创业项目开展一对一、一对多辅导。办公室成立以来，已开展一对一辅导项目超过50个，通过讲课辅导的项目超过了300个，辅导的天津大学“汽车全生命周期”项目成为天津唯一获得互联网+大赛全国银奖项目，创青春包括变胞机器人等项目也都获得了投资意向。2017年组织了4场路演活动和多场投资对接活动，还促成了MBA在读学生创业、宣怀学院辅导、创业导师共同投资的创业项目。

（2）构建创新创业教育的授课师资团队。整合了天津大学校内各学院的相关师资以及校外的业界师资，并通过交流研讨和师资培训不断提升授课师资的教学水平。相关师资先后参加了设计思考、创新方法、虚拟运营等方面的专业培训。

大学生创新创业训练计划指导教师郑春东在2017年11月18日举行的“国创计划十周年”庆典暨第十届全国大学生创新创业年会中，获得教育部“国家级创新创业训练计划最佳导师奖”。

（3）构建创业导师库。以教育部“全国万名优秀创新创业导师人才库”建设为契机，打造高水平的导师团队，宣怀学院推荐的30名创业导师成功入选。

探索校企合作新模式，实现了课堂教学与企业实践的有效对接，目前已经将10余家创业企业和项目运营实践引入教学环节，实现了理论与实践的有机结合。

2. 以“校长杯”为契机，开展丰富多彩的创新创业活动

宣怀学院与天津大学教务处、学工部、校团委、校友总会联合发起设立“北洋100K”天津大学校长杯创新创业大赛，并已获得企业冠名赞助该活动并提供10万元奖金。该比赛为天津大学最高水平的创新创业大赛。

学院打造一系列面向学生、创业导师、创业企业的品牌双创活动。其中，每月举办“创客思享汇”系列活动通过搭建创业的思维碰撞、分享交流的平台，集合有经验的创客为创业者和对创业有浓厚兴趣的人群指点迷津，该活动于2017年4月开始陆续邀请王国华、张璐、张伟等走进校园，定期举办。

举办“宣怀学院中小企业论坛”近十场，带领学生赴果酒销售企业、瑜伽馆、多肉种植基地等创业企业实地参观，并与创业者讨论行业机会和创业心路历程。

3. 全面深入学生群体，开展创新创业普及工作

建设宣怀学院“X-Club”学生社团，分为卫津路校区、北洋园校区两个中心，以“助力宣怀，创享青春”为宗旨，整合企业家、创业者、学生等共同学习交流分享，营造创新创业社团文化氛围，打造学生创新创业学习、锻炼和实践平台。

（五）加强国内外交流与合作、提升学院影响力

1. 与欧盟高校就开放式创新与卓越创业进行深入合作

宣怀学院作为欧盟 OIPEC 项目的成员之一，已经连续举办两届“开放式创新与卓越创业研讨会”，来自欧盟的专家、学者和学生来到天津大学，就双创相关主题进行探讨。欧盟专家通过此次研讨会了解中国双创进展，将国外经验引入中国起到积极作用。

2. 成功举办第三届全国创业学院院长论坛并发布《创新创业教育天津共识》

2017 年 11 月 22~23 日，宣怀学院成功举办“第三届全国创业学院院长论坛暨京津冀 MBA 创新创业教育论坛”。论坛以“双创新时代，大学新作为”为主题，得到了教育部高教司的指导，北京大学、清华大学、天津大学、南开大学、浙江大学等国内近百所高校创业学院院长或双创教育负责人和双创专家、学者 300 多人参会。大会邀请天津大学校李家俊书记、天津大学雷鸣副书记、天津财经大学副校长刘金兰教授、浙江大学人文社会科学资深教授王重鸣教授、南开大学商学院院长张玉利教授等做大会主旨演讲，大会并安排有 6 个分论坛 40 多个发言。论坛对促进各高校双创交流、充分发挥创业学院院长作用与影响力、研究讨论创业学院建设起到积极作用。大会还发布了《创新创业教育天津共识》，为双创教育在高校的实施提供了重要参考。

3. 协同国内外著名高校，建设 IDBE 项目

在天津大学宣怀学院搭建跨学科的创新教育项目“创新设计与卓越创业（IDBE）”过程中，得到了国内外著名高校和单位的支持，目前申报教育部新工科项目中，除天津大学内多个学科和部门参与外，还有美国宾夕法尼亚州立大学、意大利米兰理工大学、芬兰拉普拉塔理工大学、清华大学、浙江大学、江南大学、中国机械工程学会等单位参与项目建设，为项目的推进汇聚多方资源，提供了强大的基础。

4. 成立中国好设计天津中心

2017 年 6 月 15 日，“中国好设计”天津中心落户天津大学宣怀学院。该中心是继西安中心、诸暨中心落成建设后的第三个区域中心，在京津冀地区围绕中国好设计开展展览展示、创新创业、推广交易和培训交流等活动，围绕创新设计开展服务区域经济发展的设计双创活动，提高公众对设计价值的认知，营造全社会尊重设计、热爱设计、支持设计、参与设计的良好生态环境，服务区域经济增长和创新发展战略。

5. 加强高水平学术交流

学院先后邀请了美国宾夕法尼亚州立大学讲座教授 Dennis K. J. Lin、冠名讲座教授 Runze Li、英国杜伦大学商学院管延军教授、浙江大学王重鸣教授、南开大学张玉利教授、台湾师范大学创业中心主任吴彦濬教授、上海财经大学刘志阳教授、浙江大学郑刚副教授等来校访问，并开展了高水平的学术交流，与部分教授正在开展合作研究。

三、双创教育的主要做法

（一）建设有宣怀特色的创新创业教学空间

为了充分服务于双创教育，宣怀学院建设了技术创业中心。该中心由 3 个实验室组成：

（1）原型机实验室。培育重点包括智能家居、电子信息、工业设计等项目。

（2）心讯 IT 实验室。主要研究学习方向有 Android 开发、Java web 开发、虚拟现实、搜索引擎、机器学习等。

（3）乐高实验室。将引进创新组合拼装模型，作为创新创业思维训练载体。

为响应国家号召，宣怀学院成立社会创业中心，支持社会公益创投项目落地。

宣怀学院成立了风险双创联盟，通过整合能源与基础设施领域的工程技术和商业管理等业界资源，结合高校研究资源，打造集产品研发、产品孵化和应用推广等一系列研究及服务的开放式双创联盟。

（二）完善组织架构、整合校内外师资

为整合优势资源，宣怀学院与学校及管理与经济学部协商，将宣怀学院国际顾问委员会纳入天津大学管理与经济学科国际顾问委员会建设。宣怀学院特色“双创”空间如图 7-2 所示。

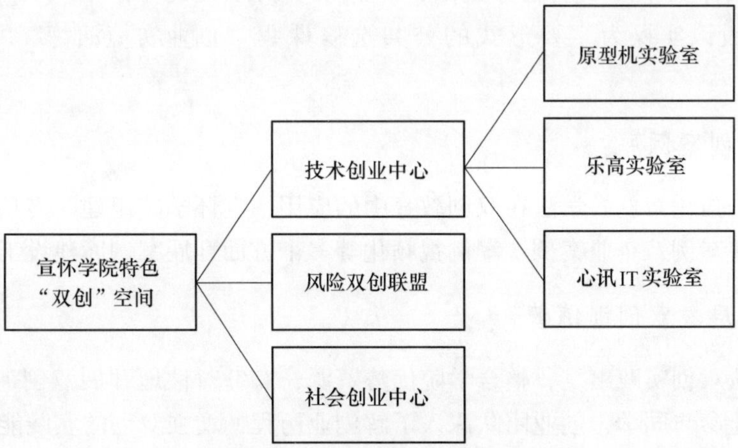

图 7-2　宣怀学院特色“双创”空间

宣怀学院设立教学与研究中心，包括以双创教育为主师资构成的双创教学与研究中心、以校内外技术创新和管理创业师资构成的创新方法中心、以工业设计系师资为主构成的创新设计中心；建立学生支持中心，支持学生创业辅导、服务和资源对接；成立了卓越创业中心（即 EDP 中心），主要负责高端培训项目运营，如图 7-3 所示。

（三）推动创新创业教育项目的建设和开展

1. 建设工商管理（创新创业方向）辅修学位项目

宣怀学院工商管理（创新创业方向）双学位以“培养适应社会主义现代化建设需要

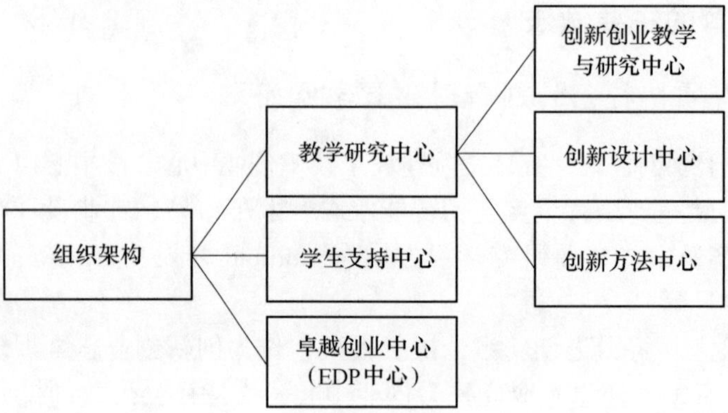

图 7-3　宣怀学院组织架构

的，掌握工商管理、创业学相关学科的基础理论知识，具备技术创业能力、创业理念、创业思维、社会责任感、创业精神、创业激情和良好心理素质的，宽基础、高素质、具有创新精神和实践能力的高级专门人才”为目标，同时将育人目标分解为 4 个方面，即掌握工商管理基础知识、具备创业的精神和素质、具备创新实践能力、掌握技术创业能力。

2. 开设公共双创选修课

为了加强天津大学的双创教育氛围，加深学生对双创的了解。宣怀学院从 2017 年起面向全校开设以实操为主要形式的公共选修课程“创业实境演练”“创业案例遍变辩”等。

3. 建设双创案例库

为了进一步强化案例教学法在双创教育中的应用，宣怀学院组建了专门的双创案例编写团队，从行业案例、企业案例、案例视频化等多个方面开展案例库建设工作。

4. 开展各层次双创训练营

宣怀学院从双创实践出发，整合学院优势资源，有针对性地开展双创训练营，力求通过此类活动，让参与同学、创业团队深入了解创业历程，增强双创的实践能力。

（四）教学改革与创新

宣怀学院在开展双创教育中，特别强调教学改革与创新，在开始的教育教学活动和相关建设中，均努力以教育创新为突破，提升人才培养的效率和有效性。在教育部、天津大学以及学院等各层级积极申报和开展教学改革工作。

1. 开拓高端培训、服务社会经济发展

2017 年宣怀学院面向国家与区域经济社会发展提供服务，建立高端培训办公室和卓越创业中心，并招聘了项目主任和相关人员。高端培训办公室设立以来，针对社会需求设计一系列的培训产品。

2. 建设完整的创新创业生态系统

宣怀学院围绕建立双创生态系统进行了探索研究，提出了天津大学双创生态体系方案如图 7-4 所示，除教学、课程体系相关建设之外，学校还开展了大量相关工作并实现该系统的良好运作。

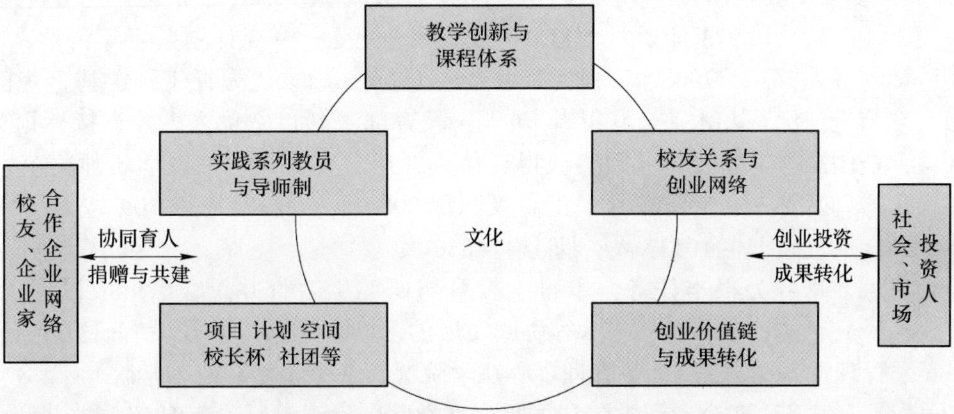

图 7-4　天大创新创业生态体系（Ecosystem）

3. 加强国内外交流与合作、提升学院影响力

宣怀学院广泛开展国内外交流与合作，吸取国内外优秀的双创教育经验，聚合全国双创高校的力量，搭建开放的双创教育平台和交流机会，促进双创教育的改革事业。

4. 学院文化建设

为了扩大宣怀学院的影响力，学院积极建设新媒体宣传平台，包括学院网站、学院官方微信平台、学院官方微博等。同时，宣怀学院的各项工作也受到各大媒体的持续关注，产生了很好的社会影响力。

5. 携手中科，探索校企合作办学的创新模式

宣怀学院的建设得到了中科招商、中科创大的大力支持。学院在推进产业支持体系建设中，整合中科资源，提升天大创业服务与支持的质量。在创业投资方面，引入中科创大合作的创投基金。

天津大学双创教育活动的典型照片见彩页 1。

第二节　双创典型院校——大连理工大学

一、学校发展的基本情况（数据截至 2017 年 11 月）

大连理工大学是中国共产党在新中国成立前夕，面向中国工业体系建设亲手创办的第一所新型正规大学，是教育部直属全国重点大学，也是国家“211 工程”和“985 工程”

重点建设高校，2017年9月，经国务院批准，入选世界一流大学A类建设高校。

学校现有教职工4321人，其中专任教师2650人；学校有中国科学院和中国工程院院士12人、瑞典皇家工程院院士1人、兼职教师中的两院院士30人，国务院学位委员会学科评议组成员11人，“千人计划”入选者30人，“长江学者”奖励计划特聘教授32人、讲座教授11人、青年学者12人，国家杰出青年基金获得者33人，国家“万人计划”入选者24人（其中科技创新领军人才18人、哲学社会科学领军人才2人、教学名师2人、青年拔尖人才2人），“973计划”项目首席科学家10人，“973计划”青年科学家专题项目首席科学家2人，百千万人才工程国家级人选15人，国家优秀青年科学基金获得者21人，教育部跨世纪优秀人才基金获得者17人，教育部“新世纪优秀人才支持计划”入选者123人，全国高等学校教学名师奖获得者4人，辽宁省高等学校教学名师奖获得者31人；博士生导师726人，专任教师中正高级职称808人，副高级职称1098人。学校现有本科生25380人，硕士生10537人，博士生4836人。

学校以人才培养为根本任务，本科生教育与研究生教育并重，已形成以理工为主，理、工、经、管、文、法、哲、艺术等协调发展的多学科体系。学校设有研究生院，7个学部［6个管理重心在学部，1个管理重心在学院（含3个正处级建制学院）］，8个独立建制的学院、教学部，3个专门学院和1所独立学院；盘锦校区设有基础教学部和7个学院；开发区校区有3个学院。有一级学科国家重点学科4个，二级学科国家重点学科6个，二级学科国家重点（培育）学科2个。现有29个一级学科博士点，134个二级学科博士点，43个一级学科硕士点，229个二级学科硕士点，25个博士后科研流动站。学校设有87个本科专业，其中国家级特色专业23个。有4个国家级教育、教学基地，8个国家级实验教学示范中心，3个国家级虚拟仿真实验教学中心，7个国家级教学团队，是国家实施工程教育改革十所试点学校之一，国家首批大学生创新性实验计划试点学校之一，全国首批深化创新创业教育改革示范高校，首批教育部“卓越工程师教育培养计划”的试点高校之一。

学校已形成一校、两地（大连和盘锦市）、三区（大连凌水主校区、开发区校区、盘锦校区）的办学格局，总占地面积426.2万平方米，建筑面积约168万平方米。学校图书馆现有藏书326.8万余册，中外文电子期刊5.8万余种。学校现有运动场馆面积21.3万平方米。

学校与29个国家和地区的207所海外知名高校、科研机构建立了长期、稳定的校际校所合作关系；学校有留学生1434人。学校积极拓展包括国家公派、联合培养、交换学习、短期交流访问、海外实习等150余项海外交流项目。

二、双创教育的实施成效

大连理工大学是国内高校中最早倡导并开展双创教育的学校之一。早在1995年率先成立教学单位——创新教育实践中心，大力建设双创基地，开设双创实践能力强化班，将双创教育融入人才培养主渠道。学校成立了双创教育工作领导小组并制定《大连理工大学深化创新创业教育改革实施方案》，搭建了以教务处等部门为统领，以创新创业学院为中心，以学部（院）级双创实践基地为分中心，以大学科技园、大学生创业园和校外实践教育基地为纽带的双创教育实践平台，形成了独具特色的双创教育体系。依托该实践平台，面向学生开办20个双创实践能力强化班，开设百余门学科前沿、创新思维等双创课程并纳入培养方案，大规模实施大学生双创训练计划。这样，多年下来，双创教育取得了非常可喜的实际效果。

（一）建立了若干双创基地

学校被评为首批全国青年科技创新教育基地、教育部首批全国高校实践育人创新创业基地、首批全国创新创业典型经验高校、首批全国深化创新创业教育改革示范高校，辽宁省大学生创业园区、辽宁省创新创业教育基地、辽宁省实验教学示范中心、辽宁省创业项目选育基地、大连市众创空间等，当选中国高校创新创业教育联盟常务理事单位。冯林教授当选为教育部创新方法教学指导委员会副主任委员、教育部创新创业教育研究中心首届学术委员会委员。

学校双创学院还建了国内一流的双创实践基地，构建了国内领先的“创意、创新、创业”三创教育模式，打造“创意激发”“创新训练”“创客实践”“创业孵化”四个平台，形成“以创新引领创业，以创业推动创新”的双创人才培养体系，学院现有“全国高校实践育人创新创业基地”1个，“全国青年科技创新教育基地”1个，国家级双创人才培养模式改革试验区2个，国家级大学科技园大学生创业园1个，国家级教学团队1个。

（二）取得了若干双创成果

先后获得省部级教学成果奖10余项，其中“大学生创新实践中心的建设”“创新人才培养工程的探索与实践”和“研究型大学拔尖创新人才培养体系的构建与实践”3个项目先后获得国家级教学成果一等奖。“创造性思维与创新方法”等十余门课程获批国家级、省级精品开放课程，在高等教育出版社出版了创意创新创业系列教材，在爱课程网等平台上开设在线课程。在全国、省级双创年会中，获评“我最喜欢的双创展示项目”、优秀论文等奖励30余项。学生双创成果获得省级以上奖励数千项，发表学术论文500余篇，申请专利1000余项，目前在基地孵化的双创团队629个，注册企业22个，部分创业团队获得了风险投资。国家（省）级双创资源共享课5门，先后获得省部级以上教学成果10余项，其中创新育人模式获得国家级教学成果一等奖3项，位居全国高校前列。国家大学生创新创业训练计划实施工作首批先进单位。

双创教育取得了丰硕的教学成果，三次获得国家教学成果一等奖：“大学生创新实践中心的建设”（1997）、“创新人才培养工程探索与实践”（2001）和“研究型大学拔尖创新人才培养体系的构建与实践”（2014年）。教师出版创新创业类教材、讲义100余部，在高等教育出版社出版一套大学生创意创新创业教育与实践系列教材。近年来学生发表学术论文600余篇，申请专利2000余项，部分本科学生论文在国际顶级期刊或会议上发表。

近3年来，全校共获得省级以上奖励1641项，其中国际级奖项189项、国家级435项，学生科技竞赛成绩位居国内高校前列。在全国“挑战杯”竞赛和“创青春”全国创业大赛中多次获得“优胜杯”、特等奖和金奖。在国际和全国机器人竞赛中先后获得冠亚季军10余项；在2015年全国大学生电子设计竞赛中，获得一等奖5项，荣获唯一最高荣誉——“瑞萨杯”。在教育部首届中国“互联网+”大学生创新创业大赛上，以团体总分第17名的优秀成绩，成为全国20所获得集体奖的高校之一。

目前，该校创业实践训练成果显著，在各级基地孵化的双创团队130多个，学生创办企业20余家，取得良好的社会效益和经济效益。如大连华城天威科技公司获得了两期400万元风险投资；CASE项目创业公司产品在国内外十分畅销，获得多项投资，并受到李克强总理高度评价；学生双创实践团喜获中国大学生“小平科技创新团队”荣誉称号；洪宇镜同学入选2015年中国大学生创业英雄年度100强等。优秀校友周康颠覆性改变扫描方式，发明了快速扫描仪，产品畅销国内外，获得Pre-A轮融资1400万元。

（三）得到了社会广泛赞誉

经过20多年的探索与实践，双创教育已经成为学校办学特色，学校通过协同育人，培养了一大批深受欢迎、有创新精神和创业能力的双创人才，深受用人单位的好评。清华大学、北京大学等400多所高校领导或教师先后来校考察，国务院总理李克强、时任国务院副总理刘延东、时任团中央第一书记秦宜智等领导考察该校双创基地或成果。学校作为双创教育典型多次在全国性大会上作交流，介绍经验。中央电视台、人民日报、光明日报、中国青年报等新闻媒体多次对该校双创教育进行报道，先后有400余所高校师生到该校双创教育基地考察，时任中央政治局委员刘延东、原教育部部长周济、高等教育司司长张大良等有关领导先后考察双创教育基地并给予高度评价。

三、双创教育的主要做法

其主要做法是确立四大思路，采取十大举措，积累四条特色经验。

（一）确立四大思路

1. 结合教学改革实践，率先开展创造发明

围绕“实施精英教育、培养精英人”的人才培养目标，成为全国高校中最早倡导并开展双创教育的学校。1985年部分教师从教学实践入手，开展“三小一环”教学改革实践，在学校掀起了创造发明热潮。学校就因势利导，推进双创教育。并以“大连工学院首届大学生创造发明成果表彰大会”为契机，在全校全面开展如火如荼的双创教育。《中国青年报》记者曾以《大连工学院学生出现创造热》为题在全国进行了宣传报道。

2. 逐步完善双创机构，全面夯实双创基础

1990年，学校成立“大连理工大学创造发明培训学校”，对学生进行系统培训。1993年成立第一个学生创业企业——“天威科技开发服务中心”。1995年，学校在全国高校率先成立“创新教育实践中心”，面向校内学有余力、有兴趣的学生开办创新实践能力强化班，成立以学生创新实践为主体教学单位。在全国产生很大影响。1998年全面实施创新人才培养工程。2000年，开设创业实践班，建立“学子创业园”——计算机本科生顾大伟一项成果吸引500万风险投资。2003年，成立大学生创新院。2007年，创办创新实验班，成立处级建制的独立二级学院——创新实验学院。2015年，学校将创新实验学院更名为创新创业学院。

3. 培养拔尖创新人才和提高科研创新能力结合，一流学科与一流专业两个建设融合

"实施精英教育、培养精英人才"是学校建设国内外知名的高水平研究型大学的战略任务。培养一流人才是学校发展的坚定目标和不懈追求。在"双一流"建设中，把提高教学水平，培养拔尖创新人才和提高科研创新能力相结合，使一流学科建设与一流专业建设有机融合，相互支撑、相互促进。以深化双创教育改革为学校教育综合改革的突破口。全面推进多元化的人才培养模式、研究型的教学模式、以学生为本的管理模式的改革。

4. 按照"三创"融合教育理念，构建"2345"双创教育体系

按照"创意·创新·创业"（三创融合）的双创教育理念，构建"2345"（"双协同——校内校外协同与课内课外协同、三融合——坚持创新引领创业，将创意创新创业融为一体。富有创意、善于创新和勇于创业相融合、四平台——校级平台、学部学院级平台、大学生创业孵化平台和校外实践教育平台、五位一体——开设双创课程、创办双创俱乐部、实施双创训练计划、开展竞赛、强化实践，建立了与双创教育相适应的保障机制"）双创教育体系。完善开放办学协同育人机制。广泛与科研院所、行业企业合作，整合优质社会资源，共同培养人才。拓宽教师和学生国际视野，提高教师和学生的国际交流与合作能力。

（二）采取十大举措

1. 机制保障，促进创新创业教育可持续发展

学校制定了《大连理工大学深化创新创业教育改革实施方案》，成立了双创教育工作领导小组，组长由郭东明校长担任，副组长由分管本科教学、研究生和学生副校长担任，成员由教务处、研究生院、创新创业学院、招生就业处、校团委、学生工作处、科学技术研究院、人事处、产业投资有限公司等单位负责人担任。成立领导小组办公室，设在双创学院。建立了校长负责，多部门齐抓共管的联动协调机制，有效推进学校双创工作的开展。学校高度重视双创教育工作，定期召开双创工作专门会议或双创教育工作领导小组会议，研究部署双创工作。学校每年将双创教育工作纳入年度重点工作，制定相应实施方案。

2. 打造平台，提供良好创新创业硬件资源

投资打造学校四级双创平台，在四级双创平台建设了几十个双创实训室、双创中心等双创训练基地，学校正式行文任命了一大批双创实训室（中心基地）主任。学校双创学院安排在学校研究生教育大楼，教育部投资3亿建设建筑面积7万平方米的"大学生创新实践能力训练基地"，学校投入1700万元改造6500平方米的"大学生创客基地"。

3. 融入课堂，将创新创业教育纳入人才培养主渠道

修订本科生培养方案，设置双创教育与个性发展课程（6学分）。面向全体低年级学生开设"创造性思维与创新方法""创业基础与实务"等双创必修课程。开设"创新创业

工程与实践”“互联网+创新创业”“创业管理”“创业实践”等双创实战课程100余门。依托国家重点实验室开设“学科前沿实验”“创新探究”等前沿课程。开办创新与创业管理辅修专业1个。

面向高考优秀学生，开设电信大类、机械大类、化工大类和钱令希力学等4个创新实验班，实行大类招生、大类培养，双创教育4年不断线。面向校内学有余力、有兴趣的学生开设双创实践能力强化班17个，强化学生实践动手能力。在工商管理学科下设立“创新管理”和“创业管理”两个方向，招收研究生。与辽宁省就业指导局合作开设就业创业管理和创新创业两个培养方向博士点。

4. 营造氛围，传播创新创业精神

鼓励学生组建灵魂车队、机器人、大工创客等大学生双创社团和创业俱乐部30余个。开设创业沙龙、创业讲座，定期开设创业大讲堂，先后邀请俞敏洪、徐小平等创业成功人士与大连理工学子面对面，分享创业经验。在学生宿舍建立了50个“校园驿站”，学生双创团队可以申请进入驿站，教师可以提供指导服务。

5. 加强训练，实施大规模大学生创新创业训练计划

学校将“大学生创新创业训练计划”纳入人才培养方案，建立“四个一”制度：每一位教师，指导一个项目，每一年，接收一名学生。学校每年划拨300万元的专项资金；每年大约有50%以上的学生参加双创训练项目，项目结题后可转换为学分。每年举办双创年会，营造双创氛围。

6. 强化实践，实施学生创新创业能力提升计划

学校下发了《大连理工大学大学生创新实践强化班管理办法》，开设了双创实践能力强化班17个，面向全校主修专业学有余力的学生招生。设立强化双创实践能力的系列课程，纳入培养计划。树立CDIO教育新理念，倡导学生做中学、学中思、思中创，系统地培养大学生双创能力。每年招生学生1200余人，学生修完规定15学分的课程后可获得学校颁发的双创能力证书。在双创实践班培养计划中，开设双创公共课程，实践班设专门教学岗位，配专职教师和实验教师，落实做中学、学中思、思中创理念，系统地对学生创新实践能力进行强化。

7. 举办竞赛，作为学生创新创业能力水平的试金石

学校每年投入200万元专项经费支持大学生参加120余项双创大赛，学校制定了《关于学生代表学校参加竞赛的若干规定》，对竞赛获奖学生在学分认定、奖学金申请、推免研究生等方面进行激励；设立双创大赛负责人制度，制定了《教师指导大学生竞赛工作量量化及奖励办法》，对参加指导的教师给予工作量和奖励，在教师年度工作考评、职称晋升等方面给予量化积分。

8. 开设幕课，为校内外提供优质创新创业教学资源

共享课程10余门，建设辽宁省精品开放课程、国家级精品公开课，视频公开课为

“创造性思维与创新方法”（最受欢迎的课程），精品课程为“创新教育基础与实践”（国家级唯一创新创业类课程）。“互联网+创新创业”“创造学基础”“大学生创新创意创业教育”“走进机器人”等10余门双创课程。目前这些优质课程在各类幕课平台上向全国在线开放，幕课“创造性思维与创新方法”一学期有来自全国140余所高校近7万人在线学习，并修读学分，在全国高校产生了很大的影响。

9. 汇聚师资，建设专兼职相结合的国家级教学团队

学校双创学院目前设有双创专职岗位22人。聘请研究生、本科生从事双创助教、助管等，每学期50人。聘请校外知名企业家、成功校友担任创业导师70余人——创业沙龙、创业指导。聘请校内兼职双创教师126人，从事课程教学、创业训练。组建双创教育校企协同联盟，包括苹果、Intel、华为、中软国际等30家企业，提供创业基金、项目、导师、驻地导师。团队评为国家级教学团队（全国唯一创新创业类）。

10. 政策保障，对学生提供全程指导、一站式帮扶

学校每年投入1000多万元双创专项经费，支持双创教育基地建设、教学及改革工作，资助学生双创竞赛、双创项目训练和实践。学校规定对于参加双创项目、科技竞赛、课题研究等活动可以认定为课堂学习，可申请转换为个性发展学分。鼓励条件成熟在校学生调整学业进程，保留学籍休学创新创业。允许学生跨专业选修其他专业的课程。学校每年投入50万元设立双创奖学金。学校每年召开全校双创教育总结表彰会，评选双创标兵、优秀双创团队和优秀指导教师，并给予表彰，对先进事迹进行大力宣传。制定政策吸引教师投入到双创教育中，将双创教育和创业就业指导工作计入工作量，并纳入专业技术岗位评聘和绩效考核，对指导学生在国家级双创竞赛中获奖的指导教师给予奖励。每年组织教师参加省级、国家级双创教育教学专项培训；建立了专职创业指导队伍，建设了创新创业网、微信平台、大工创客等创业信息平台，设立了双创基金，对大学生双创提供全程指导、一站式服务。

（三）积累四条特色经验

四条特色经验为：

（1）构建了“2345”双创教育体系（“双协同、三融合、四平台、五位一体”）。

（2）因材施教，分类培养。开办双创实践班和创新实验班，坚持20年，不断完善了拔尖双创人才培养模式。开办双创实践班17个，创新实验班4个；制定了双创实践班、创新实验班培养方案；双创基础课程列为必修课，将双创与专业课程有机结合；建设了专兼职相结合的双创教师团队——国家级教学团队；建设了国家级双创课程教学资源；坚持创新引领创业，倡导学生做中学、学中思、思中创；建立了全开放实验室；建立相应的管理运行机制。

（3）面向全体学生。开设双创通识课程，实施大规模大学生双创训练计划，培养学生创新精神、创业意识和创新创业能力。建立“四个一”制度（一名教师、一个项目、一年、至少指导一个学生）。纳入培养方案，每年有超过50%学生参加大创项目，记3学分；建立学校学部（院）两级组织协调委员会；制定《大学生创新创业训练计划实施办法》；

编写《大学生创新创业训练计划过程记录册》；制定实验室开放激励机制；制定教师和学生激励机制。

（4）依托研究型大学学科和科研优势，为拔尖创新人才培养构建了八大实施平台。以优势学科和高水平科研为依托，建成了优势与特色专业平台；以公共基础和专业核心课程为重点，建成了精品课程平台；以国家实验教学示范中心为牵引，建成了高水平实验教学平台；以国家和省部级重点实验室为依托，建成了学生科研训练平台；以校院两级创新教育中心为依托，建成了自主开放的创新实践平台；以校企合作共建为突破口，建成了全天候实习实训平台；以大学文化体系建设为抓手，建成了文化育人平台；以国内外校际合作为纽带，建成学生访学交流平台。

大连理工大学双创教育活动的典型照片见彩页 2。

第三节　双创典型院校——华中师范大学

一、学校发展的基本情况（数据截至 2017 年 6 月）

华中师范大学位于九省通衢的湖北省武汉市，坐落在武昌南湖之滨的桂子山上，占地面积 120 余万平方米，是教育部直属重点综合性师范大学，国家“211 工程”重点建设大学，国家教师教育“985”优势学科创新平台建设高校，国家首批“双一流”世界一流学科建设高校，国家首批博士、硕士学位授予权的单位，是国家培养中高等学校师资和其他高级专门人才的重要基地。学校形成了“忠诚博雅、朴实刚毅”的华师精神，为国家培养了 30 多万优秀人才。

学校下设 30 个学院，70 个本科专业面向全国招生。目前各类全日制在校生近 32000 人，其中本科生近 18000 人，研究生 11000 多人，留学生 2900 多人。现有教职工 3800 余人，专任教师 1966 人，其中教授副教授 1293 人，博士生导师 397 人，专兼职院士、人文社科资深教授、“长江学者”特聘教授、“国家教学名师”、“千人计划”入选者、国家杰青基金获得者等各类国家级人才 40 人。

学校现有国家重点学科 8 个，国家重点（培育）学科 1 个，湖北省一级重点学科 22 个，中国语言文学和物理学等 15 个专业设有博士后流动站，有 14 个博士学位授权一级学科，32 个硕士学位授权一级学科，92 个博士学位授权学科专业，178 个硕士学位授权学科专业。

学校现有各类科研机构、实验室、研究院（所、中心）60 余个，其中教育部人文社会科学重点研究基地 3 个，文化部“国家文化产业研究中心”、国务院农村综合改革工作小组办公室“中国农村综合改革创新研究中心”等其他部委社科重点研究基地 6 个，首批“中国智库来源索引”（CTTI）2 个，省级重点研究基地 13 个。此外，学校拥有国家工程实验室 1 个，国家工程技术研究中心 1 个，国家级国际联合研究中心 1 个，国家语言资源监测与研究网络媒体中心 1 个，教育部重点实验室 3 个，教育部工程技术研究中心 1 个，教育部战略研究基地 1 个，学科创新引智基地 3 个以及各类省级重点研究基地 10 个。

学校努力体现“厚基础、宽口径、高素质、创新型”的现代人才培养思想，通识教育与专业教育相结合，学生全面发展和个性发展有机结合。学校现有国家文理科基础学科人才培养和科学研究基地 2 个，国家级特色专业 12 个，湖北省品牌专业 17 个，是教育部卓越教师培养计划高校和教育部信息化试点高校。毕业生就业率稳定在 90%以上。

学校积极开展对外学术、科技和文化交流，国际化水平位居全国高校第 22 位。先后与美国、俄罗斯、加拿大、法国、英国、澳大利亚、日本、韩国等 70 多个国家和地区的 100 多所高校及科研机构建立了密切的学术联系，大批外籍专家和教师在校任教讲学。与国外大学共建 4 所孔子学院。每年选派大批学生赴国（境）外交流学习，在校长短期的国际学生来自全球 140 多个国家和地区。

二、双创教育的实施成效

（一）建立了若干创新创业基地

学校现有各类科研机构、实验室、研究院（所、中心）60 余个。主要有文化部“国家文化产业研究中心”、国务院农村综合改革工作小组办公室“中国农村综合改革创新研究中心”等部委社科重点研究基地 6 个、国家工程实验室 1 个、国家工程技术研究中心 1 个、国家级国际联合研究中心 1 个、国家文理科基础学科人才培养和科学研究基地 2 个、教育部重点实验室 3 个、教育部工程技术研究中心 1 个、教育部战略研究基地 1 个、教育部学科创新引智基地 3 个和各类省级重点社科研究基地 13 个和省级重点自然科学研究基地 10 个。“教育部来华留学示范基地”，2015 年获批首批“教育部高校实践育人创新创业基地”。

学校还专门针对强化双创教育，在校内先后成立了华中师大大学生创业特区、华中师大大学生创客空间、华中师大大学生创业俱乐部、华中师大青桐计划创业学院、华中师大华创俱乐部（属于湖北省大学生创业俱乐部成员）等大学生双创实践训练基地。

华中师范大学阳光众创空间由学校创业实践基地——华中师大大学生创业特区和创客空间两部分组成，以华中师范大学大学生创业俱乐部（简称“华创俱乐部”）为载体。目前，阳光众创空间已经获得“湖北省大学生创业示范基地”“武汉市大学生创业特区”“洪山区大学生创业特区”“武汉人才创新创业服务中心”等称号。

（二）取得了若干双创成果

学校获得省科技奖励 19 项，其中自然科学一等奖 3 项、科技进步一等奖 1 项，省社科优秀成果奖获奖数，连续五届位居湖北高校前 2 位，高校人文社科奖获奖总数，连续三届位于全国高校前 10 位，教育部年度项目立项总数排名，近 10 年全国高校第一，自然科学方面也实现了 973 项目首席、国家创新群体、国家级研究基地等方面的重大突破。

在各类比赛中获得创青春湖北省大学生创业大赛 8 金 3 银 2 铜位列湖北省第二方阵，创青春全国大学生创业大赛 3 银获 10 年最好成绩，1 支团队全国大学生创业资金扶持决赛优胜奖。

在“大众创业、万众创新”大环境下，该校也涌现了一批优秀的大学生创业团队，如融资 1000 万的格格果团队、开业半年多营业额超百万的华启辰装修设计团队、首个休学创业的免费师范生组建的好特互联团队等；在各类省市的资金扶持中，我校有 26 支团队获得 100 多万的资金扶持。

三、双创教育的主要做法

（一）全校形成创业联动机制

由学生工作部（处）牵头推进大学生双创工作，团委重点负责创业竞赛、创业氛围营造，学工部门重点负责创业实体的扶持，就业部门重点负责创业教育与课程建设，教务部门负责双创训练项目实施及创业课程开设，科技部门协助做好创业扶持政策对接及学生科技成果转化指导，财务部门负责创业基金和创业团队财务的代管，宣传部门重点做好大学生创业的宣传工作，研究生工作部负责在研究生中开展创业教育和宣传，产业集团和华师科技园负责将大学生创业纳入学校产业发展规划。

（二）重点办好中科创业学院

学校与北京中科创大合作成立的中科创业学院由创业学院、利群众创空间、创业特区三部分构成，面积共有10000平方米。其中，创业学院以大学生双创教育为核心，以创业教育培训为依托，以创业实践为抓手，以科技成果转化为目标，促进大学生双创项目的指导、培训、扶持、孵化。同时，充分运用中科创大等外部资源，全面推动全校的双创教育。

创业学院于2016年11月开始投入使用，面积为5000平方米，现有入驻大学生创业企业58个。创业特区面积为2400平方米，主要为需要大学生创业团队免费提供办公场地、网络、物业以及水电等。利群众创空间是创客活动区域，同时也是学生创业实践平台，面积为2600平方米，主要配有创业咖啡、博雅影院、利群书店、爱心超市、创业驿站等。目前正在打造“读一本好书、品一杯咖啡、看一场电影、自习一小时”文化品牌，已经成为华师师生聚会、交流的地方。力图打造成为大学生创新创意展示、交流的空间；打造成为已创业大学生融资、培训的空间；成为武汉市创客线下活动的空间。

（三）着力强化大学生创业特区

华中师大大学生创业特区是由华中师范大学、武汉市科技局、洪山区人民政府于2014年7月9日联合建设成立的武汉市首个大学生创业特区。创业特区总面积2400平方米，其中校内特区（大学生活动中心）1900平方米，校外特区（文秀街中石创意大楼二层）500平方米；截至2015年4月底，创业特区拥有各类创业团队85支，已入驻特区46支；结合我校学科特色和师范类特色，该校大学生创业已经形成教育培训、信息技术、文化创意及现代服务业等创业产业品牌。

（四）做大做好阳光众创空间

华中师范大学阳光众创空间由创业实践基地——华中师大大学生创业特区和创客空间两部分组成，以华创俱乐部为载体。目前，阳光众创空间已经获得“湖北省大学生创业示范基地”“武汉市大学生创业特区”“洪山区大学生创业特区”“武汉人才创新创业服务中心”等称号。在此基础上，全面推动全校学生的双创教育活动。

（五）努力夯实大学生创业基础

努力夯实华中师范大学大学生创业俱乐部（简称华创俱乐部）。华创俱乐部成立于2013年11月份，是我校大学生创业的重要载体，学生个人或团队可自由申请加入俱乐部，华创俱乐部属于湖北省大学生创业俱乐部成员。

华创俱乐部负责在校大学生及毕业3年内大学生的创业实践、指导、培训、扶持、孵化；校内外创业项目的建设、招标、管理；创业团队的联络、指导；创业特区（校内外）的运营、管理；创业基金的管理、使用；创业扶持项目的组织、申报。为学校的创业者和准创业者实施创业和体验创业提供一条龙服务平台。

（六）精心组织各种专项双创活动

开展文化创意青桐汇——华中师大专场活动、通过青桐计划创业学院邀请知名人士开展双创讲座、通过举办“华中师范大学中科创业学院创新创业培训班”提升教师的双创教学能力、通过组织有150个学生社团参加的“创新杯科学文化节”“树人杯艺术文化节”“博雅大讲堂”等活动，丰富学校多年形成的“三博”校园文化（“博学、博爱、博雅”），为学生成长成才提供了广阔舞台，深受学生的欢迎，这在武汉地区高校乃至全国高校都产生了较大影响。

目前，学校正在打造分层次、分级别的大学生创业孵化模式，创业实践与理论模式并向发展，力图构建符合华师特色的大学生创业课程体系，找到创新创业训练方式并实践，打造成为湖北省高校创业课程的第二学位；并与新加坡南洋理工大学科技创业中心、加州大学伯克利分校合作，合作打造全国高校创业师资和双创教育培训基地。切实通过推进全校的双创教育改革，尽快推动全校综合改革实现重大突破。

第四节 双创典型院校——南京工业职业技术学院

一、学校发展的基本情况

南京工业职业技术学院前身是黄炎培先生1918年创办的中华职业学校——我国第一所以“职业”冠名的职业学校，举办职业教育近百年，培养了邹世昌、顾心怿、王世绩三位院士，以及包括张闻天、华罗庚、邹韬奋、顾准、秦怡、江竹筠等杰出校友在内的十几万名建设和管理人才。

学校有仙林、中山、天堂三个校区。现有全日制在校生14000余人，其中本科生近1000人、留学生180余人，教职员工800余人。学校设有10院3部1中心，18个专业群、49个专业。2017年，学校入选国务院“大众创业万众创业”示范基地。2016年和2017年，获江苏省高职院校人才综合竞争力第一名、全国高职院校服务贡献50强高校，2017年，获全国高职院校国际影响力50强高校。据中国科学评价研究中心发布的“2018～2019年中国高职高专院校竞争力”排名，学校位列江苏第一、全国第二。

学校牵头全国黄炎培职业教育思想研究会学术中心、全国高职院校创新创业教育联盟、中国教育国际交流协会职教分会、中国轻工业联合会高职研究会、全国机械行业现代机电技术职教集团等全国性平台5个，以及牵头江苏高职院校书记（校长）联席会、江苏省轻工协会、江苏机电职教集团等全省性平台9个。

作为目前全国唯一的高职院入选国家双创示范基地，南京工业职业技术学院将基地建设作为服务国家创新驱动战略，助推地方经济发展的重要支点，举全校之力推进各项建设任务落地落实。学校牢牢把握"立德树人"根本任务，把双创教育贯穿教育教学全过程，有效整合资源、发挥集聚效应、推进深度融合，使双创基地建设与国家产教融合项目建设、省高水平高职院创建，以及学校"十三五"规划实施同步推进。学校双创工作受到《中国教育报》《中国青年报》等国家级新闻媒体多次深度报道。

二、双创教育的实施成效

（一）双创人才培养成果显著

学校以双创教育模式为中心，以"立德树人"为根本任务，坚持"创新引领创业、创业带动就业"，打造了"理念引导与政策支持同向、普惠教育与培优选树结合、典型示范与辐射服务结合"的"众创空间"，构建了"精英带动、全面覆盖、全程融入、实践支撑"双创教育模式。

以双创活动为基础，每年举办双创教育讲座、沙龙、论坛、工作坊、训练营等活动200余场，精心打造了"我与名家面对面""大学生科技作品展""创客沙龙""杰出校友论坛"等多个品牌系列，年受众超过10000人。

以双创训练计划为抓手，每年参与各级各类双创训练项目的学生超过500人次。

以双创竞赛为重点，以赛促教、以赛促学，每年参与的学生超过2000余人次，在全国"互联网+"大学生创新创业大赛、"挑战杯"系列赛事、"发明杯"大赛等赛项中领跑全国高职院校。2017年，在第三届"互联网+"大赛中该校两个项目从全国37万个项目中脱颖而出，斩获2项银奖，《非物质文化遗产"翟家大院撕纸"》荣获"专家特别推荐奖"（全国唯一），创造了全国高职院校的最佳成绩。决赛期间，我校翟天麟同学作为全国唯一高职院校代表入选"青年红色筑梦之旅"演讲报告会，受到时任国务院副总理刘延东的亲切接见。

以双创成果孵化为动力，依托学校创业园、大学科技园等孵化器，帮助创业学生开展创业实践，组织创意作品集市、项目路演、推介会等对接风投和企业。截至目前，园区共有13家在孵企业共计获得750万元的社会融资金额。科技园公司与南京紫金科技创业投资有限公司已经初步达成了共建创业孵化基金的合作意向，基金规模为600万元。

以双创典型选树为示范，学校设立各级各类双创奖学金，开展双创学生年度人物表彰，编撰《创新创业典型案例集》等典型选树活动，帮助学生寻找成才路径和成长自信，"江苏省创新创业英才"云曙先，受到时任国务院副总理刘延东接见的"青年创客"刘安，斩获共青团中央"践行工匠精神特别奖学金"的彭飞，申请专利51项、受理实用新型专利32项、发明专利13项、发表学术论文2篇的"科创之星"王绍贺等典型受到社会的关注。

（二）教师双创教育教学能力不断提升

学校突出一流专业师资队伍的培养和打造，重点培育、优先扶持，优先推荐申报各级各类评比评优，优先安排参加各类实践锻炼和学术活动，教师全年参加双创类培训300人次。开展教师分类评价，学校成立了专项研究课题小组，研究设置三级评价指标体系，教师创新能力得到增强。鼓励教师参与企业实践，教师通过“下企业”实践，参与企业科技研发项目、双创系列培训、建立海外实验室等活动，进一步提升了双创素养。以机械工程学院王晓勇教授为团队负责人的“人工智能工业应用”教师团队获评教育部首批“黄大年式教师团队”；以计算机与软件学院胡光永教授为负责人的团队获得江苏省青蓝工程优秀教学团队；以计算机与软件学院董飚教授为负责人的“工业大数据应用技术”获得“省高等学校优秀科技创新团队”。组织国内外各类研修项目，参与的专任教师达200余人次。积极贯彻落实南京市“两落地、一融合”战略，设立“技能大师”引培专项基金，推动双师素质培养办法实施；依托全国高职院校创新创业教育联盟，组建双创导师库，目前人数超过100人。学校获批教育部“教师分类改革评教示范高校”。

（三）校企合作与科技成果转化不断升级

多渠道开展校地企合作，学校与20余家公司签订战略合作协议，在人才培养、科技双创等方面开展深层次的校地企合作。积极申报国家知识产权，2017年受理专利589项（发明专利136项），其中学生专利申报336项（发明专利66项）；授权专利182项（发明专利48项），其中学生专利授权89项（发明专利12项）。科技成果转化23项。大学生科技园新增专利授权83件，累计已经获批的专利数150余件，园区全年共转化科技成果40余项。推进政校企行协同技术研发转化平台建设，目前，学校与南京市政府、南京市栖霞区科技局和南京欣华恒机械电子有限公司签署合作协议。机电产业研究院、创意营销产研中心、科技成果转化中心、网络知识产权超市建设工作也正在进行。已启动“栖霞共建双创基地—人工智能产业研究院”“南工院机电技术公共服务平台”“南京经济开发区—峰火华信藤仓光通信技术研究院”“日本横滨大学共建智能控制研究中心”“溧水新能源汽车产业研究所”等新型研发机构建设项目。

（四）品牌带动与辐射服务作用不断发挥

为进一步扩大国家双创示范基地的影响力，学校组织了“双创示范基地媒体集中采访”“双创教育校园开放日”等活动，全年接受中国教育部、中国青年报、中国日报、新华日报、江苏教育电视台、南京电视台等专题采访60余次，学校蝉联全国高职院校服务贡献50强。依托全国高等职业院校创新创业教育联盟理事长单位优势，与不同区域的高职院校共享资源、交流、推广、示范双创经验和模式。全国联盟全年举办全国性创新创业教育论坛、研讨会5次；开展双创教育资源库建设研讨班、创盟高校师资培训班、双创课程开发研讨班，等师资培训班5次，参培教师400余人；与中国高校创新创业教育研究中心共同出版了《中国高校创新创业教育蓝皮书（2016）》《中国高校创新创业教育学情报告（2016）》；目前已组建高职院校双创教育“百人专家库”、正在筹建“学术委员会”“双创课程开发委员会”等机构；与苹果、腾讯、华为、中国移动、联想集团、真格基金、泰益基金等公司等已达成合作意向，继续深化校企合作推广计划。

三、双创教育的主要做法

（一）对接双创需求，优化专业结构

以双创需求为导向，持续优化学校专业结构，聚焦装备制造产业发展，推动专业链对接产业链。健全“科学诊断、分类管理、动态调整、持续改进”的专业设置与管理机制，将双创元素融入专业设置与调整评价体系，引导专业建设与发展聚焦双创方向。专业评价从成长性因素（产业发展、人才需求、招生就业等外部因素）和条件性因素（师资队伍、教学条件、资源状况等内部因素）两个维度展开，将专业划分为优先发展、特色发展、调整发展和限制撤销四类，实现专业结构的持续优化。结合学校办学综合条件、总体规划和双创教育需求，将专业群控制在20个以内，专业控制在50个以内。

（二）深化分层分类，创新培养机制

将“做学创合一”理念贯穿双创教育体系设计和实践全程，强化双创教育“做中学”“学中做”，实现“做学创”的融通合一、和谐共振，根据学业水平高低开展分层教学、结合生源类型差异实施分类培养。

（1）实施分层教学。根据新生入学水平高低，以及不同年级学生需求，将课程划分为不同层次班级，实行有针对性的教学。

（2）强化分类培养。按照高考招生、自主招生、对口单招和社会生源四种类型分别制定人才培养方案。

（3）扩大学习自主性。放宽转专业条件、扩大选修课学分比例，逐步实现学生培养从标准化，到差异化，再到个性化的转变。

（4）深化精英人才培养。根据拥有某方面特长的学生特点，开设多种类型特色班级开展个性化培养。

（5）创新教学方法。建设小班化智慧教室和“云班”等智能课堂；引入英国NCEE双创教学法。

（三）打造双创师资，提升育人能力

学校采用“引培结合”的方式，打造“明师德、乐教学、懂行业、能科研、精技能、通市场”的双创师资队伍。一是出台人才新政，采用刚性引进和柔性引进相结合的方式，加强专兼职双创教师队伍建设，聘请院士、“千人计划”专家、企业家等行业优秀人才作为双创兼职教师，依托全国高职院校创新创业教育联盟，组建校外双创专家“百人导师库”。二是开展教师分类评价，学校将教师分为教学主体型、科研主体型、教学建设综合型、实践教学型教师四类，根据不同类型承担不同比例的教学运行工作、科研工作、教师工作和公益性工作；学校成立了专项研究课题小组，研究设置了三级评价指标体系。四是设立“技能大师”引培专项基金，推进“大国工匠”技术技能人才培养；积极贯彻落实南京市“两落地、一融合”战略，推动双师素质培养办法实施。2017年9月，学校获批教育部“教师分类改革评教示范高校”。

（四）聚焦专创融合，完善课程体系

学校从课程体系顶层设计入手，以“专创融合”课程建设为重点，实现学生双创素养与专业技能的双提升，构建了“双创初识—专创融合—双创实践—双创拓展”四阶递进的课程体系。“双创初识”课程，启发学生创新思维、培养双创意识；“专创融合”课程，将双创教育融入专业教学，促进专业知识技能的学习与双创能力培养的有机融合；“双创实践”课程，鼓励学生开展技术研发、工艺革新和流程再造等创新实践，过程中提升双创精神和双创能力；“双创拓展”课程，通过不同类型、不同专业、不同项目的交叉跨界学习，提升学生双创综合素养。出台《南京工业职业技术学院在线开放课程建设管理办法》，以在线课程建设为基点，有效带动教学方法创新与改革。鼓励教师基于实际教学计划和教学内容，开展在线开放课程建设，利用在线开放课程辅助开展教学、探索线上线下混合教学，推进传统教学与信息技术融合发展。

（五）打造实践平台，强化协同育人

学校将双创实践平台搭建融入双创训练、竞赛、孵化和实习的全过程，形成多载体协同育人机制。一是打造双创训练平台。将179个实验室全部对学生开放，建立了50个师生混编“创新创意工作室”；打造融入双创能力培养的专业社团体系，专创融合类社团占比超过50%，学生参与度达到90%。二是建立双创竞赛平台。建立“国家、省、校、院、专业”五级竞赛实施体系，将参与双创竞赛纳入素质教育实践计划，计入学生“第二课堂成绩单”，近年来学生参加省级以上双创竞赛获一等奖110余项，参加全国技能大赛获一等奖19项。三是建立双创项目孵化平台。以省级大学科技园为依托，建成3000多平方米苗圃和孵化基地。四是建立双创实习平台。依托省级协同创新中心和228家企业创新实践基地，每年提供学生5000余个双创实践岗位。

（六）改革培养制度，推动治理创新

学校全面梳理人才培养相关制度体系，进一步清除体制机制障碍。修订学生学籍管理办法，实施弹性学制，优先支持参与双创的学生转入相关专业学习。完善学分制改革办法，建立双创学分积累与转换制度，基于专利制作进行毕业设计改革试点，将学生开展技能大赛获奖、专利授权等折算为实践学分，将学生参与课题研究、项目实验等认定为课堂学习学分。健全考试考核制度，注重考查学生运用知识分析、解决问题的能力，探索非标准答案考试。围绕双创服务管理、科技服务平台建设、技术服务能力提升、加强科技成果转化、社会培训能力提升等方面也进行探索，积极构建政府、高校、行业、企业及科研院所多方联动，全面促进高职教育与科技、经济、社会深度融合，通过治理创新，构建全方位布局和充分保障双创活力双创支撑服务体系。

（七）推进基地宣传，打造双创文化

按照“双创教育年年有规划、双创实践月月有竞赛、双创成果院院有特色、双创典型处处有示范”的学校双创文化建设思路，运用信息化手段宣传双创精神，营造浓厚的校园双创文化氛围。目前，已建立50多个师生混编“创新创意工作室”；设立“黄炎培科创之

星”专项奖学金；积极打造学生双创社团建设；组织“双创示范基地媒体集中采访”“双创教育校园开放日”等活动宣传双创基地建设成效。学校依托全国高职院校创新创业教育联盟理事长单位和中国教育国际交流协会职教分会理事长单位等平台，加强国际化双创课程研发、开展国际化师资培训、加强师生交流互访、参与国际双创竞赛等。与英国国家创新创业教育中心（NCEE）共建“中英创新创业教育示范基地”；主动服务国家“一带一路”战略，发起了“中英一带一路青年创新创业技能大赛”；服务中国企业“走出去”，筹建中赞职业技术学院南工院机电学院；与新加坡南洋理工大学、澳大利亚维多利亚州政府启动双创合作项目，接收“一带一路”沿线国家和发展中国家的学生来校学习双创教育课程或相关专业。

南京工业职业技术学院的双创教育活动照片见封2彩页。

第五节　双创典型院校——昆明冶金高等专科学校

一、学校发展的基本情况（数据截至2018年5月）

昆明冶金高等专科学校（简称昆明冶专），是一所52年建校的历史悠久、特色鲜明，以工为主，工、管、文、商、艺并举的全日制公办普通高校，是国家示范性高等职业院校、云南省高水平高职院校建设项目院校、云南省优质高职院校建设单位。为社会培养了10万余名毕业生，取得了显著的办学成效。

办学条件优。学校占地1244.43亩，现有莲华、安宁两个校区。设有16个二级学院，现有全日制大专生19000余名，教职工近千名，拥有9名国家二级教授，27名三级教授，89名教授，303名副教授。拥有国家级和省级教学团队、国家“万人计划”教学名师、云岭学者、云岭教学名师、省级教学名师等一批优秀教师。教学仪器设备先进，图书资源充足，教学资源丰富，每个专业均建成体系化的校内外实训基地。拥有13个省级示范实训基地，实习实训条件处于国内同类院校的领先水平，为培养学生实践动手能力提供保障。

内涵建设强。学校持续推进教育教学改革，近年来获省级以上质量工程建设项目160余项，国家级教学成果一等奖1项、二等奖3项，省级教学成果特等奖1项、一等奖5项、二等奖4项。现有国家重点支持建设示范专业6个，国家提升专业服务产业能力建设专业2个，省级重点、特色专业13个；国家级精品课程4门，全国教指委精品课程10门，省级精品课程21门。近年来，学校不断扩大国际合作交流，与德国、加拿大、澳大利亚以及东南亚国家的院校和企业开展多种形式的合作办学。学校将每年4月确定为“技能文化月”，在全国、全省技能大赛中，学生个人、团体获奖均处于同类院校领先水平。荣获教育部“2017年全国职业院校技能大赛突出贡献奖”表彰。学校的普高录取分数线居云南省高职高专院校前列，毕业生就业率始终保持在同类院校领先水平，先后荣获教育部“全国高校毕业生就业工作先进单位”，毕业生就业典型经验云南省10强和全国50强高校，连续13年获得云南省高校就业工作一等奖。学校被评为全国职业教育先进单位、全国精神文明建设先进单位、国家技能人才培育工作突出贡献奖单位、云南省首批深化创新创业教育改革示范高校，赢得了“冶金矿业高技能人才的摇篮”“云南高职教育排头兵”等社会赞誉，社会给予毕业生“做人诚、做事实、有闯劲”的良好评价。

二、牵头组织首届理事会活动和1~6届全国高职双创大赛状况

志在创新打基础　创新创业多推广

——中国发明协会高校创造教育分会全国高职高专创新工作委员会首届理事会活动简况

首届理事会理事长/全程　昆明冶专校　长　　夏昌祥教授
首届理事会秘书长/前期　昆明冶专副校长　　赵文亮教授
首届理事会秘书长/后期　昆明冶专学生处　　杨永锋处长
（2005年7月~2012年10月）

昆明冶专是全国最早全面开展和倡导推广创新创业（简称双创）的高职院校。

早在1998年年底，昆明冶专主持工作副校长夏昌祥，就提出了推动昆明冶专快速发展的理顺脑子、摆正位子、开出方子、闯出路子和办出牌子的“五子登科”创新举措。为了尽快把学校快速发展的重点和方向放到集中发展高等职业教育上，及时提出应当努力做到“六个超前”：瞄准高职探新路思路超前、压缩中专办大专思路超前、规模办学增效益思路超前、负债经营求发展思路超前、围绕市场找出路思路超前和重在素质育英才思路超前。1999年，学校向全校教职工发出“全校进行二次创业”的号召，党委会批准对8年招不起生的冶金工程专业开展改革创新试点，学校党政领导要求全校教职工尽快更新发展观念、竞争观念、重点观念、改革观念、人才观念、管理观念、法制观念、公关观念、超前观念和创新观念等十大观念，以适应学校二次创业的需要，年底把学校校训改为“创新、创效、创业、创造”的“四创校训”（至今仍然坚持），有领导当年撰写文章《观念创新让学校插上腾飞的翅膀》，文中写道：“通过观念创新和实施‘一三五总体工作思路’，我校1999年取得了实现‘七大突破’和发生‘六大转变’的可喜成绩”，“1999年学校顺利地进行了‘二次创业’，成功地实现了‘二次腾飞’”。

2005年7月，在中国发明协会及其高校创造教育分会的大力支持下，昆明冶专牵头成立了“中国发明协会高校创造教育分会全国高职高专创新工作委员会”（简称全国高职创新工委），并成为首届理事会理事长单位。到2012年10月换届，工作交给了成都航空职业技术学院（院长张蕴启教授任理事长，副院长武智慧教授任副理事长兼秘书长）。

2005~2012年期间，首届理事会不负众望，积极努力，组织开展了三方面活动。

（一）全力推动组织内部的双创活动

1. 完善全国高职创新工委内部机构

在全国高校创新创业教育和心理健康教育专家、中国发明协会高校创造教育分会副理事长、天津工程师范学院鲁克成教授的引荐下，在昆明冶专校长夏昌祥教授与中国发明协会相关领导及校内外相关领导的充分沟通下，2005年7月，在中国发明协会高校创造教育

分会在昆明冶专召开第三次代表大会期间（夏昌祥校长当选分会副理事长），委托昆明冶专牵头成立了“中国发明协会高校创造教育分会全国高职高专创新工作委员会”。其主要任务是实施创新教育、开展创新活动、进行创新研究、推广创新成果、搞好创新宣传并承担相关的专项创新任务等。首届理事会的组成为：

（1）首届全国高职创新工委理事会（2005年7月选举产生）。

理 事 长：夏昌祥（昆明冶专校长　教授）。

副理事长：胡晟（上海二工大党委副书记兼副校长　教授）、万金保（深圳职院副校长　教授）、高林（北京联大副校长　教授）、介晓磊（郑州牧专校长　教授）、罗志（长沙民政职院党委书记　教授）、温景文（辽宁农职院院长　教授）、赵文亮（昆明冶专副校长　副教授）、周延波（西安思源学院院长　教授）。

顾　　问：鲁克成（天津工程师范学院教授）。

常务理事：顾问和正副理事长、张亚杭（重庆工业职院院长　副教授）、马必学（武汉职院院长　研究员）、王志勇（邯郸职院院长　教授）、陈建民（北京工职院院长　副教授）、蔡昌荣（广州民航职院副院长　副教授）、马东霄（邢台职院副院长　教授）、常立学（山东商职院院长　教授）、吕光军（成都航空职院院长　教授）、张方明（兰州石化职院院长　教授）、王毅（新疆农职院院长　副教授）、苏志刚（宁波职院院长　教授）、杨国祥（镇江高专校长　教授）、侯元（内蒙古建筑职院院长　教授）、李忱（太原电专校长　教授）、高忠武（吉林电子信息职院党委书记　教授）、刘太刚（湖南冶金职院院长　教授）、李兴旺（安徽水专校长　教授）、黄根隆（北京轻工职院副院长　教授）、王凤君（黑龙江建筑职院院长　教授）、刘勇（山西工程职院院长　副教授）、孙秋玉（辽宁交专校长　教授级高工）、戴勇（无锡职院院长　教授）、陈智（广东顺德职院院长　教授）、齐福荣（防灾高专副校长　副教授）、符宁平（浙江水专校长　教授）、董刚（天津职大副校长　教授）、李迈强（西安航专校长　教授）、唐海君（湖南永州职院副院长　副教授）、李友清（湖北职院党委书记　研究员）、刘黎（成都电子机械高专党委书记　教授）、王栴（桂林旅专党委书记　教授）、李大卫（天津中德职院院长　教授）、林虎（海南职院院长　教授）、朱国辉（福建漳州职院院长　教授）、单津程（江西现代职院院长　教授）、吴为民（贵州商专校长　教授）、芮云良（宁夏吴忠职院院长　副教授）、杨金华（云南交职院院长　副教授）、聂曲（云南西双版纳职院院长　副教授）。

理　　事：所有常务理事、朱懿心（上海二工大副校长　教授）、李玉红（新疆农职院党委书记　副教授）、陈玉华（成都航空职院副院长　副教授）、陈传伟（成都电子机械高专副校长　教授）、周晓东（昆明冶专科技处处长）、朱云仙（上海二工大科技处处长）、韩翼（重庆工业职院科技处处长）、刘晓欢（武汉职院科技处处长）、尚慧文（邯郸职院科研处处长）、邹京升（北京工职院科技处处长）、胡慧君（浙江水专科技处处长）、史晓强（广州民航职院教务处副处长）、王秀和（防灾高专信息中心主任）、杨永锋（昆明冶专创新工程办副主任）、杨莉惠（昆明冶专教师　副教授）。

秘书长（秘书处设在昆明冶专）：赵文亮（兼），**副秘书长**：周晓东、朱云仙、韩翼、刘晓欢、尚慧文、邹京升、胡慧君、史晓强、王秀和。

（2）调整后的首届全国高职创新工委理事会（2010年7月25日调整）。

理 事 长：夏昌祥

副理事长：万金保、介晓磊、罗志、周延波、张亚杭、马必学、王志勇、陈建民、王毅、张红武（昆明冶专党委副书记　副教授）

顾　　问：鲁克成。

常务理事：顾问和正副理事长、蔡昌荣、刘丛（邢台职院院长　教授）、陈玉华（成都航空职院副院长　教授）、张方明、苏志刚、杨国祥、侯元、鲍善冰（太原电专校长　教授）、李岩峰（吉林电信职院党委书记　教授）、李兴旺、王凤君、刘勇、戴勇、陈智、符宁平、李迈强、唐海君、彭汉庆（湖北职院院长　教授）、刘黎、李大卫、林虎、朱国辉、杨金华、聂曲、管平（浙江机电职院院长　教授）、党继农（新疆乌鲁木齐职大校长　教授）、杨永锋。

理　　事：所有常务理事、李玉红、陈传伟、陈季林（昭通师专校长）、马淑萍（昆明工业职院院长）、马洪军（云南林职院长）、李善华（云南机电职院院长）、李锡云（云南体育运动职院院长）、陈文祥（玉溪农职院院长）、李胜平（思茅师专副校长）、董艳玲（云南文艺职院副书记）、雷正福（云南热带作物职院副院长）、邓小勇（云南电力职大副校长）、向钧治（昆明艺术职院副院长）、张云钢（云南经管职院院长）、彭斯秋（云南北美职院院长）、倪方友（云南爱因森软件职院副院长）、韩翼、刘晓欢、尚慧文、邹京升、谢文兵、温长胜（浙江机电职院教务处）、董晓红（新疆工业高专）、陈爱玲（河北化工职院）、杨浩（昆明冶专团委副书记）、史晓强、赵永建（浙江金华职院）、李斌宁（广东科技职院）、徐纯新（重庆电力高专）、杨莉惠（昆明冶专商学院副院长、副教授）。

秘书长（秘书处设在昆明冶专）：杨永锋（昆明冶专学生处处长），**副秘书长**：刘晓欢、尚慧文、邹京升、谢文兵、温长胜、董晓红、陈爱玲、杨浩。

2. 推动全国高职高专“发明杯”大学生双创大赛（6届）

2006年2月召开全国高职创新工委一届二次理事会之后，3月初在北京工业职院参加全国高职院校长培训期间，昆明冶专校长夏昌祥教授约请深圳职院俞仲文校长和北京工业职院陈建明院长共同发起举办全国高职大学生创新大赛之事，3人统一意见后向时任教育部高教司高职高专处范唯处长汇报，在得到范唯处长同意后，由全国高职创新工委顾问鲁克成教授向中国发明协会引荐，在得到时任中国发明协会常务副理事长明廷华同志、副理事长兼秘书长鹿大汉同志、宣传部胡宏伟部长、韩红光副部长（后接任部长）等领导的同意后，就以全国高职创新工委秘书处的名义向中国发明协会领导提交了关于开展“首届全国高职高专‘发明杯’大学生创新大赛”的请示，3月20日，中国发明协会副理事长兼秘书长鹿大汉同志在秘书处的请示报告上做出批示：“经与常务副理事长明廷华同志、协会副秘书长李德威同志商量，同意开展首届全国高职高专‘发明杯’大学生创新大赛活动及所提方案。希望认真组织办好，并认真总结首届经验，为今后办好这个活动奠定基础，为建设创新型国家培养更多创新人才”。至此，首届“全国高职高专‘发明杯’大学生创新大赛”正式拉开序幕。

紧接着，全国高职创新工委秘书处组织了由中国发明协会主办、全国高职高专创新工作委员会承办、昆明冶专、北京工职院和深圳职院协办，并得到了云南冶金集团总公司、云天化集团、云南锡业公司、云南驰宏锌锗公司、云南铜业公司、云南达亚有色金属公司狮子山铜矿、昆钢集团大红山铁矿等集团和企业大力支持的“首届全国高职高专‘发明杯’大学生创新大赛”，经过昆明形审（昆明冶专为主承办）、北京初赛（北京工职院为主承办）和深圳决赛（深圳职院为主承办），于2006年5月19日，在“第二届中国（深圳）文化博览交易会”的“首届中国国际职业教育展”上落下帷幕，取得了丰硕成果。

“首届全国高职高专‘发明杯’大学生创新大赛”，共收到全国20个省市自治区的39所院校的287件作品。其中，发明制作类163件，发明创意类124件。经评审并报中国发明协会审定确认（中发协字〔2006〕16号），共评出“发明创新参与奖”作品68件（其中发明制作类35件、发明创意类33件）、“发明创新优秀奖”作品91件（其中发明制作类54件、发明创意类37件）、“发明创新铜奖”作品72件（其中发明制作类42件、发明创意类30件）、“发明创新银奖”作品35件（其中发明制作类20件、发明创意类15件）、“发明创新金奖”作品20件（其中发明制作类11件、发明创意类9件）；昆明冶专李忠谦同学的作品——“首届全国高职高专‘发明杯’大学生创新大赛”评审系统荣获“发明创新特别贡献奖”（相当金奖）；昆明冶专等12所院校、辽宁农职院等12所院校和镇江高专等15所院校分别荣获“最佳组织奖”“优秀组织奖”和“组织奖”；获得发明制作类“发明创新金奖”冠军的广东科技职院田银河同学的作品——基于移动数据的LED电子显示屏幕荣获发明制作类“发明杯”；获得发明创意类“发明创新金奖”冠军的深圳职院曾思灵同学的作品——低成本中央空调风管清扫机器人荣获发明创意类“发明杯”；昆明冶专获得“最佳组织奖”团体冠军并荣获院校“发明杯”。

“第二届全国高职高专‘发明杯’大学生创新大赛”，由昆明冶专承办，共收到全国24个省市自治区的50所院校的416件参赛作品。其中，发明制作类207件，发明创意类209件。经评审并报中国发明协会审定确认（中发协字〔2007〕32号），共评出“参与奖”作品109件（其中发明制作类52件、发明创意类57件）、“优秀奖”作品126件（其中发明制作类63件、发明创意类63件）、“铜奖”作品93件（其中发明制作类48件、发明创意类45件）、“银奖”作品54件（其中发明制作类27件、发明创意类27件）、“金奖”作品34件（其中发明制作类17件、发明创意类17件）；深圳职院等4所院校、浙江机电职院等11所院校和广东交通职院等21所院校分别荣获“最佳组织奖”“优秀组织奖”和“组织奖”；获得发明创意类“金奖”冠军的成都航空职院杨宗旭同学的作品——全自动开齿机控制方案设计荣获发明创意类“发明杯”；获得发明制作类“金奖”冠军的昆明冶专周卓昊、杨光勇、王立董等同学的作品——自动送货机器人荣获发明制作类“发明杯”；获得“最佳组织奖”团体总分冠军的深圳职院荣获院校“发明杯”。

“第三届全国高职高专‘发明杯’大学生创新创业大赛”，由天津职大承办，共收到全国18个省市自治区的22所高职高专院校的473件参赛作品，其中，发明创意类作品277件，发明制作类作品196件。经评审并报中国发明协会审定确认（中发协字〔2009〕3号），共评出“参与奖”作品138件（其中发明创意类参与奖81件、发明制作类参与奖57件）；“优秀奖”作品142件（其中发明创意类优秀奖83件、发明制作类优秀奖59件）；“铜奖”作品100件（其中发明创意类铜奖58件、发明制作类铜奖42件）；“银奖”作品59件（其中发明创意类银奖35件、发明制作类银奖24件）；“金奖”作品34件（其中发明创意类金奖20件、发明制作类金奖14件）。深圳职院等3所院校、山东商业职院等6所院校、成都航空职院等13所院校分别荣获“最佳组织奖”“优秀组织奖”和“组织奖”；获得发明创意类“金奖”冠军的天津职大王晓梅、李彬、刘凯发同学的作品——一种键盘和把手抗菌涂料制备方法荣获发明创意类“发明杯”；获得发明制作类“金奖”冠军的浙江机电职院沈剑峰、张飞飞、黄云雷同学的作品——“环保使者”智能垃圾箱荣获发明制作类“发明杯”；获得“最佳组织奖”团体总分冠军的深圳职院荣获院校“发明杯”。

“第四届全国高职高专‘发明杯’大学生创新创业大赛”，由天津职大承办，第四届大赛项目也在发明制作类和发明创意类的基础上增加了管理创意类（专业组和非专业组）项目。共收到全国13个省市自治区的28所高职高专院校的795件参赛作品，其中，发明创意类作品333件，发明制作类作品123件，管理创意类专业组297件，管理创意类非专业组42件。经评审并报中国发明协会审定确认（中发协字〔2009〕28号），共评出“参与奖”作品238件（其中发明创意类100件、发明制作类37件，管理创意类专业组89件，管理创意类非专业组12件）；“优秀奖”作品239件（其中发明创意类100件、发明制作类37件、管理创意类专业组89件、管理创意类非专业组13件）；“铜奖”作品167件（其中发明创意类70件、发明制作类26件、管理创意类专业组62件、管理创意类非专业组9件）；“银奖”作品95件（其中发明创意类40件、发明制作类14件、管理创意类专业组36件、管理创意类非专业组5件）；“金奖”作品56件（其中发明创意类23件、发明制作类9件、管理创意类专业组21件、管理创意类非专业组3件）。昆明冶专等3所院校、陕西工业职院等8所院校、广东科技职院等17所院校分别荣获“最佳组织奖”“优秀组织奖”和“组织奖”；获得发明创意类“金奖”冠军的昆明冶专詹礼红同学的作品——大型会议折叠桌荣获发明创意类“发明杯”；获得发明制作类“金奖”冠军的无锡商业职院林星和马志龙同学的作品——管道清洁车荣获发明制作类“发明杯”；获得“最佳组织奖”团体总分冠军的昆明冶专荣获院校“发明杯”。

“第五届全国高职高专‘发明杯’大学生创新创业大赛”，由乌鲁木齐职大承办，第五届大赛项目调整为技术创意类、发明制作类和管理创意类（专业组和非专业组）项目。共收到全国各省市自治区73所高职高专院校送来的作品800项。经评审并报中国发明协会审定确认（中发协字〔2010〕32号），评出“优秀奖”作品241件、“铜奖”作品162件、“银奖”作品99件、“金奖”作品55件·深圳职院等7所院校、黑龙江农业经济职院等18所院校和浙江东方职院等36所院校分别荣获“最佳组织奖”“优秀组织奖”和“组织奖”。获得“最佳组织奖”团队冠军的深圳职院荣获院校“发明杯”，获得技术创意类“金奖”冠军的浙江机电职院的王潘红、唐世根本和朱斌磊同学的作品——多功能智能助听器荣获技术创意类“发明杯”，获得发明制作类“金奖”冠军的昆明冶专佘开洪、徐庆钊和李照云同学的作品——激光投影仪荣获发明制作类“发明杯”，获得管理创意类专业组“金奖”冠军的无锡商业职院周井同学的作品——互动传媒“SOGO校园”消费咨询导航报创业计划书荣获管理创意类专业组“发明杯”，获得管理创意类非专业组“金奖”冠军的苏州职大张海龙、张月景、陈晓龙、董孝威和查荣娟同学的作品——苏州苏禹燃气安全用品有限责任公司荣获管理创意类非专业组“发明杯”。

“第六届全国高职高专‘发明杯’大学生创新创业大赛”，由山西财专承办，第六届大赛项目再次调整为发明类（发明制作作品）、创意类（技术创意、管理创意、艺术设计创意、会展策划创意作品）和创业类（创业实施作品）三大类；主办单位从中国发明协会一家，发展为中国发明协会、山西省科学技术协会、国家知识产权局人事教育部、中国高职研究会和中国知识产权研究会5家联合主办。并以中发协字〔2011〕22号文件下发了《关于举办“第六届全国高职高专‘发明杯’大学生创新创业大赛”的通知》。《通知》内容主要包括：一、创新创业大赛的组织机构；二、创新创业大赛的主题和目的；三、创新创业大赛的参赛内容和要求（此次参赛活动主要包括发明创新类比赛、创意类比赛和创业类比赛三项主要比赛）；四、创新创业大赛的申报办法；五、创新创业大赛的评审办法；六、创新创业大赛的评比表彰办法；七、创新创业大赛的参赛事项。附件1，大赛组委会——组委会名誉主任：朱丽兰（全国人大原教科文卫主任、国家科技部原部长、中国发明协会理事长）；组委会主任：鹿大汉（中国发明协会副理事长兼秘书长）；组委会副主任：杨伟民（山西省科学技术协会党组书记　常务副主席）、高康（国家知识产权局人事教育部部长）、董刚（中国高等职业教育研究会会长、天津职大校长）、夏昌祥（中国发明协会高校创造分会副理事长）；组委会秘书长：夏昌祥（兼）、张启蕴（成都航空职业技术学院院长）；组委会副秘书长：申长平（山西财专校长）、赵喜元（国家知识产权局人事教育部副部长）、关原成（山西省科学技术协会正厅级巡视员）、韩红光（中国发明协会宣传部部长）、杨理连（中国高等职业教育研究会秘书长）、武智慧（成都航空职业技术学院副院长）、杨永锋（中国发明协会全国高职院校创新工作委员会秘书长）等；附件2，大赛申报表；附件3，大赛终评日程安排（大赛结果未找到）。

3. 举行大学生知识产权普及培训班（5次）

首届理事会期间，在大赛承办学校同时5次举办“全国高职大学生知识产权知识普及与大学生创新能力培养”“全国高职高专大学生创新能力培养与知识产权教育研讨会”“知识产权教育与高职学生创新能力培养”“《国家知识产权战略纲要》解读”等专题讲座或研讨会。邀请国家知识产权局、中国知识产权协会、中国高校知识产权学会的专家和有关创新创业专家到场开展专门讲座。尤其是推动昆明冶专形成了每年一次的“知识产权宣传周”活动并在全国高职院校中率先开办了知识产权管理专业，产生了良好的影响。如2007年7月31日，在“全国高职高专大学生创新能力培养与知识产权教育研讨会”暨“第二届全国高职高专‘发明杯’大学生创新大赛颁奖仪式”上，夏昌祥校长做了题为“高职创新大赛的重点要转到鼓励学生多报专利上来”的讲话，其中强调“我们举办这次研讨会和颁奖仪式，就是要努力把创新大赛的重点逐步转移到鼓励大学生多申报专利上来，为建设创新型国家多做贡献。总之，希望通过研讨和表彰，能够起到宣传知识产权法和普及知识产权教育及带动更多高职院校和高职大学生参加发明创新活动的作用，不断提高高职高专大学生的创新意识和创新能力，不断促进更多的大学生多出创新成果，不断推动更多的大学生踊跃申报专利，为我国能够如期建设成为创新型国家奠定良好的基础”等。

4. 举办全国高职创新教育师资培训班（4期）

2005年11月~2010年8月，全国创新工委在昆明冶专（1~2期，200511和200602）、浙江水专（3期，200710）和乌鲁木齐职大（4期，200807）举办了四期“全国高职创新教育师资培训班”。

第一期　2005年11月18~20日，在昆明冶专举办了“全国高职高专创新工作委员会首次创新教育授课教师师资培训班”。有来自昆明冶专、西双版纳职院、云南交职院、成都航空职院等全国高职院校有志于从事创新教育的286名教师参加了培训。在本次培训班上，全国高职创新工委理事长、昆明冶专校长夏昌祥教授做了题为“加快培养创新型教师　努力创建创新型高校”的动员讲话和“创新授课要务之我见”的专题讲座。主要由鲁克成教授和夏昌祥教授主讲，从对创新教育授课教师的总体要求、创新与创造力、创新人格与创新精神、创新智能与创新思维、创新原理与创新方法、创新应用与创新实务以及创新型教师等几大专题进行了讲解。参加培训的教师，经考核合格后，将取得由中国发明协会高校创造教育分会颁发的创新教育授课教师资格证书。培训班结束后，共收到参训教师的创新课程教案近200份。

第二期　2006年2月8~12日，在昆明冶专举办了“第二期全国高职高专创新教育师资培训班”。在开学典礼上，中国发明协会常务副理事长明廷华教授，中国发明协会副理事长兼秘书长鹿大汉教授出席了会议并作了重要讲话，昆明冶专校长夏昌祥教授做了动员讲话和专题讲座。同时邀请中国科学院院士、北京工大常务副校长张泽教授，中国著名发明家张开逊教授，中国创新教育专家、天津工程师范学院鲁克成教授，东北大学博士生导师罗玲玲教授，中国科大博士生导师刘仲林教授，北京理工大博士生导师罗庆生教授做了重要的学术讲座。

第三期　2007年10月，在浙江水专举办了“第三期全国高职高专创新教育师资培训班”。全国200多名教师参加了培训。本次培训班，昆明冶专校长夏昌祥教授做了动员讲话和专题讲座。邀请中科院院士张泽教授、鲁克成教授、东北大学罗玲玲教授做了专题讲座。

第四期　2010年8月16~18日，在乌鲁木齐职大举办了“第四期全国高职创新教育师资培训班”。110余名教师参加了本次培训班，昆明冶专校长夏昌祥教授做动员讲话和专题讲座。邀请我国著名发明家张开逊教授、鲁克成教授，东北大学罗玲玲教授、北京理工大学罗庆生教授做了专题讲座。

5. 开展“创新在高职——院校长论坛”（4次）

4次举行“创新在高职——高职院校创新发展回顾与展望”专题研讨会。于2005年11月和2006年2月，分别举办了“创新在高职——院校长论坛”和“创新在高职”专题研讨会——“十五”高职院校创新发展回顾与展望。第一次论坛上，专门邀请鲁克成教授做主题报告，全国高职高专校长联席会主席、上海二工大党委书记李进教授、昆明冶专校长夏昌祥教授、重庆工程职院院长张亚杭教授、广州航空职院副院长蔡昌荣教授等在会上进行了交流。第二次专题研讨会上，专门邀请中科院张泽院士和中国著名发明家张开逊教授做主题报告，同时邀请专家鲁克成教授、夏昌祥教授和东北大学罗玲玲教授做了培训讲座。

6. 编写双创教材和创新专著

双创教材：2005年8月，将夏昌祥教授2002年主编出版的《现代企业管理》中的“第十章　现代企业创新与新产品开发”，集中改为第2版《现代企业管理》中的“第十

章　现代企业创新”。2009年修订出版第3版。每年教材使用数量超过一万册。2005年9月，夏昌祥教授和鲁克成教授共同主编、全国高职高专校长联席会主席李进主审、并联合全国35所高职高专院校的38位作者一起出版《点燃创新之火——创造力开发读本》，2007年9月修订出版第2版。2008年6月，夏昌祥主编、鲁克成主审出版了《实用创新思维》教材。2012年3月，夏昌祥二级教授与刘洪萍、徐征两位教授共同主编、昆明理工大学冶金材料博士生导师、学校党委书记雷霆二级教授担任主审出版了《湿法炼锌》专业教材。

创新专著：《创新感悟》（2002），《高等职业教育研究与实践》（2004），《人文素质教育探索与实务》（2007），《“双定生”高技能人才培养模式的创新探索》（2009），《“双定生”模式的研究与实践》（2010）和《快乐的大学生发明家》（2011）。

7. 加强创新创业教育研究（承担省部级和国家级课题20多项）

（1）科技部委托中国发明协会的课题：“民间发明创新案例研究”子课题“大学生发明创新案例集锦”组长单位。

（2）科技部委托云南省科技厅的课题：“云南省重点产业发展创新方法研究与服务公共平台建设项目”课题第二承担单位。

（3）独立承担的云南省教育厅课题：“高职高专院校实施创新教育的目标、途径、方法与评估的研究”。

（4）云南省教育改革项目方案——云南冶金矿业职教集团运行机制探索。

（5）参加华东师范大学教育科学学院职业教育与成人教育研究所所长石伟平教授申报的教育部哲学社会科学研究重大攻关项目“职业教育办学模式改革研究”的研究。

（6）国家社会科学基金“十一五”规划2008年度教育学重点课题“遵循科学发展、建设高等教育强国之十二：做强高等职业教育”课题（AGA080340）——西部案例子课题云南省高职案例研究。

（7）基于区域和行业特点的冶金矿业类高技能人才培养模式研究。

（8）中东地区劳务市场高技能人才需求状况研究。

（9）“中国高等教育学会‘十一五’教育科学研究规划课题：‘双师型’教师评定标准及管理机制研究”。

（10）国家级课题：“高职高专教育‘双定生’人才培养模式的探索与实践”。

（11）西部本地化人才培养模式体系研究。

（12）示范性高等职业院校产学研结合模式研究与实践。

（13）《现代企业管理》互动教学课题研究等。

8. 组织全国高职院校双创先进评选活动

在请示中国发明协会同意后，2010年7月，全国创新工委组织开展了“全国高职发明创新先进集体及个人”评选。

（1）评出全国高职创新教育杰出贡献院校60所。一是北京市3所（北京工职院、北京电子科技职院、北京农职院）；二是天津市3所（天津职大、天津中德职院、天津轻工职院）；三是上海市1所（上海医疗器械高专）；四是重庆市2所（重庆工程职院、重庆电力高专）；五是河北省4所（河北工职院、邯郸职院、承德石油高专、河北铁道职院）；

六是山西省3所（山西工程职院、太原电专、山西煤炭职院）；七是内蒙古2所（内蒙古建筑职院、内蒙古机电职院）；八是辽宁省2所（辽宁农职院、辽宁交通职院）；九是吉林省2所（长春汽车高专、吉林电子信息职院）；十是黑龙江2所（黑龙江农职院、黑龙江农业经济职院）；十一是江苏省3所（南京工职院、无锡职院、镇江高专）；十二是浙江省4所（宁波职院、浙江机电职院、宁波大红鹰学院、浙江水专）；十三是安徽省1所（安徽水专）；十四是福建省1所（漳州职院）；十五是山东省2所（山东商职院、山东工职院）；十六是河南省4所（郑州牧专、黄河水利职院、河南工职院、濮阳职院）；十七是湖北省2所（武汉职院、湖北职院）；十八是湖南省2所（长沙民政职院、湖南铁道职院）；十九是广东省5所（深圳职院、广东番禺职院、广东顺德职院、广东清远职院、广东科技职院）；二十是广西壮族自治区1所（南宁职院）；二十一是四川省3所（成都航空职院、成都电子机械高专、四川工程职院）；二十二是云南省2所（昆明冶专、云南农职院）；二十三是陕西省2所（杨凌职院、西安思源学院）；二十四是甘肃省1所（兰州石化职院）；二十五是新疆区3所（新疆农职院、新疆工业高专、乌鲁木齐职大）。

（2）评出全国高职创新教育杰出贡献个人60人。李维利/天津职大、温长胜/浙江机电职院、周纯江/浙江机电职院、虞建中/浙江机电职院、陈峰/浙江机电职院、胡家秀/浙江机电职院、赵永建/金华职院、周莹莹/宁波大红鹰学院、徐悦/无锡职院、陈兴和/镇江高专、陈爱玲/河北化工医药职院、蒋亚军/广东番禺职院、杨震伦/广东番禺职院、马丽卿/郑州牧专、左金淼/郑州牧专、陈艳峰/邯郸职院、马彩霞/邯郸职院、尚慧文/邯郸职院、程利民/武汉职院、刘璋/武汉职院、陈汉东/武汉职院、刘晓欢/武汉职院、王川/武汉职院、廖传柱/漳州职院、陈丹阳/漳州职院、李建海/河南工职院、王超/河南工职院、袁志锋/濮阳职院、胡宝坤/黑龙江农业经济职院、张艳雪/黑龙江农业经济职院、于红玲/黑龙江农业经济职院、申爱民/成都航空职院、周青/成都航空职院、高新红/成都航空职院、易磊隽/成都航空职院、付涛/成都航空职院、申红军/新疆工业高专、董晓红/新疆工业高专、何颖/新疆工业专、黄卉/新疆工业高专、李文楷/新疆工业高专、曹洋/重庆电力高专、董建吉/重庆电力高专、蒋承延/重庆电力高专、唐储建/重庆电力高专、徐纯新/重庆电力高专、韩治华/重庆工程职院、彭伦天/重庆工程职院、龙志文/昆明冶专、旃亚玲/昆明冶专、崔霞/昆明冶专、杨浩/昆明冶专、赵雪君/昆明冶专、谭琳/云南农职院、樊文军/云南农职院、席银花/内蒙古建筑职院、孙瑞敏/内蒙古建筑职院、万金保/深圳职院、王志勇/邯郸职院和杨永锋/昆明冶专。

（3）评出全国高职发明创新优秀论文特等奖38篇。刘芙的《高校开展创新教育的困境分析》，刘芙的《巧选动画片培养儿童创造力》，王贵军的《高新技术企业R&D人员创新能力的开发》，周莹莹的《以学习创新推动校园文化建设的思考》，蔡志东的《利用网络环境培养创新人才的模式研究》，单桂军的《“2+1”教学模式下网络教学与管理系统研究》，李爱东的《基于CMMI的：“学计算机信息技术网络全真模拟考试平台”的开发》，刘蓓的《后现代主义视域下的研究性学习》，冉晓莉的《教育生态化对高职英语教育可持续发展的启示》，盛洁和田野的《对于当前构建节约型社会与资源合理利用的调研》，王明的《基于项集优化重组的频繁项集发现算法》，赵晟媛的《基于培养高职艺术生创造力下的创新型〈立体构成〉》，崔霞的《用科学发展观统领全局走创新型国家道路》，旃亚玲的《创新教育人才培养模式初探，培养高素质创新人才 提升国家核心竞争力》，李娟的

《浅析高职高专院校创新教育模式》，胡健民和罗丽娴的《以改革创新精神加强和改进高职高专大学生“概论课”教学的思考》，赵雪君的《思路决定出路 创新决定发展》，陈鑫的《云南发展自主创新的战略意义与方法探索》，夏昌祥、李卫平和徐宗碧的《昆明冶金高等专科学校实施“走出去”战略的创新探索》，夏昌祥和杨永锋的《高职院校开展创新教育的实践探索》，杨永锋、杨浩和王光权的《云南省大学生科技创新活动分析与探讨——以“挑战杯”为例》，邓永胜、陈智刚和马俊生的《高职高专物流类应用型人才创新培养模式研究》，凌春、解世杰、杨开屏、艾建勇和柴大勇的《高职院校学生创新能力的培养》，季永青和杨媛坤的《高职会展专业实践教学创新的思考》，丁青、况世华和刘伟的《现代教育技术手段在高职创新教育中的作用探讨》，乐莉、杨照坤和丁世婷的《高职学生创新精神与创新能力的培养》，于恬和甘友庆的《传统文化在技术创新环境中的影响和出路》，卢宇飞的《社会主义市场经济条件下高校教育创新的思考》，杨浩、张丽娜和揭莹《高职高专共青团组织创新活动研究》，杨丽敏的《人文素质教育与就业创新精神培养》，陈春华和胡曰博的《泡沫钛材料在产品设计中的创新应用》，李祚青的《论制图教学与创新能力的培养》，辛志成的《提高高职高专“大学语文”教学的创新意识》，蒋雪湘的《培养创新能力——高职高专文化素质教育的核心》，陈鑫的《高职高专人文素质教育创新行动策略》和周会玲的《创新素质教育——“二次创新”》。

9. 采用各种方式大力传播创新创业教育理念

作为目前高职院校唯一的中国创造学会副理事长和中国发明协会高校创造分会副理事长、首任全国高职创新工委理事长、首任中国高职研究会创新创造工作委员会主任委员、（中国）创新方法研究会特聘专家和首任云南省创新创造学会理事长，昆明冶专校长夏昌祥教授不忘履行自己的义务和责任，采用各种方式积极倡导和大力传播双创教育理念。

（1）利用各种讲话机会大力传播双创教育理念。

2002年9月12日，在“昆明冶专2002年新生开学典礼”上，夏昌祥校长强调：“希望新来的同学们，努力做到以下六个方面，即654321”，“（一）尽快把握‘六个学会’：学会做人、学会求知、学会健体、学会生活、学会生存、学会创新”，“（二）不断增长‘五种才干’”，“（三）切实搞好‘四个统一’”，“（四）着力强化‘三种意识’”，“（五）全力实现‘两大目标’，一是成人——正直、诚实、勇敢，二是成才——达到“四有”，既具有一定的理论基础，又具有较强的实践能力，还基本具备创新精神，更初步具备创业能力”，“（六）深刻牢记一句校训：‘创新、创效、创业、创造’，着力把自己培养成为创新人才”等。

2003年7月25日，在“昆明冶专2003年毕业典礼”上，夏昌祥校长做了题为“命运就在自己手中 成功要靠自己奋斗——赠予毕业班同学们的临别寄语”的讲话，在“二、希望同学们一定要终身铭记四句话”中希望：第一、“凡事把握度”，第二、“时务认清楚”，第三、“有为才有位”，第四、“爱拼才会赢”，其中强调“‘爱拼才会赢’，更意味着勇于创新。学校向同学们提出的‘创新、创效、创业、创造’的‘四创’校训一定要铭记，通过初步树立创新精神，初步具备创效技能，初步强化创业意识，初步奠定创造基础，为同学们成为高素质应用型创新人才进而勇于创新、有所作为创造良好条件。同学们一定要努力争取把自己真正锻炼成为江泽民同志所期待的‘成为理想远大、热爱祖国的人，追求真理、勇于创新的人，德才兼备、全面发展的人，视野开阔、胸怀宽广的人，知行统一、脚踏实地的人’和邓小平同志所期望的‘有理想，有道德，有文化，有纪律’的‘四有’新人”等。

2006年9月8日，在“学校2006年新生开学典礼”上，校长夏昌祥教授专门做了题为“抢抓机遇　全面发展　尽快成为社会欢迎的创新型人才”的开学寄语。同日下午，在“2006年教师节庆祝及师德先进表彰大会”上，校长夏昌祥教授做了题为“加强师德建设　多育创新人才　争取早日建成国家高水平示范性高等职业院校”的讲话，其中强调，就是要努力把学生培养成为：社会紧缺的高技能人才、单位一线的基层领班者、科技成果的重要转化者、宏伟蓝图的主要实现者、国家财富的直接创造者、企业未来的技术发明家。

2007年9月6日，在“学校2007年新生开学典礼”上，校长夏昌祥教授专门做了题为“抢抓机遇　创新发展　为我国早日建成创新型国家多作贡献”的开学寄语。12月18日，在“学校2007处级干部培训班”上，夏昌祥校长做了“万人名校的内涵建设与领导干部的素质要求”的讲话，其中重点强调了“我多次讲过：学校成亦两级班子，败亦两级班子，创建好万人名校的重任就历史地落到两级班子的肩上，这就要求我们两级班子要共同学习，达成共识，同舟共济，共谋大业”；“三校合并后，我们拥有108名处级干部，实属声势浩大，人丁兴旺，生机勃勃，令人欣慰！有这样一支好队伍，没有过不了的坎，没有办不好的事，没有做不成的馍”；“校处两级干部一定要努力做到‘八个五’”：“增强‘五能’”“落实‘五带’”“围绕‘五育’”“强化‘五感’”“提高‘五才’”“增长‘五商’”“绘好‘五字’”“确定‘五更’”；并强调校处两级干部一定要学会抓工作重点，“关注点要放在学生上，兴奋点要放在创新上，关键点要放在干部上，着力点要放在目标上”等。

2010年8月30日，在“昆明冶专2010年新生开学典礼”上，夏昌祥教授做了“快乐学习　快乐生活　快乐成长”的校长开学寄语及学校发展报告，其中强调：希望同学们在懂得基本规矩中快乐学习，期望大家努力做到“德智体美劳能文书口才创”等“十好”(创新好为最高)；注意弘扬社会评价的“昆明冶专毕业生三大特点”：一是做人诚、讲信誉，二是做事实、能吃苦，三是敢创新、有闯劲；清楚自己“三个锻炼成为”的成长走向：首先把自己从自然人锻炼成为能全面适应社会的社会人，再把自己从社会人锻炼成为能自主创新创业的企业人，最后把自己从企业人锻炼成为能传承先进文化的现代职业人；努力培养自己的：就业竞争能力、社会适应能力、职业迁移能力和创新应用能力等。

（2）利用工作汇报致辞大力传播双创教育理念。

2005年5月26日，校长夏昌祥教授在《抓好就业服务　搞好产学结合　全面开创高职教育新局面——教育部周济部长、丹增副书记、吴晓青副省长来校视察之际学校的工作汇报》中，主要汇报了学校发展的主要状况、学校进行的创新探索和学校努力的主要方向三个方面，在汇报“学校进行的创新探索”中，重点汇报了学校在改革创新方面进行的理念创新、模式创新、市场创新、就业创新、机制创新、思路创新等六方面创新探索等。

2008年10月11日，夏昌祥教授“在‘云南省创新创造学会’成立大会上的讲话”中强调：“云南省创新创造学会”的成立是云南省推动创新型国家建设的一件大事，我们作为牵头的理事长单位，将不辜负大家的希望，争取通过广泛的活动，努力在纳米新科技的推广、创新型国家的建设和云南经济社会发展的推动、各类创新型人才的培养等方面积极发挥应有的作用。

2010 年 11 月 4 日，昆明冶专校长夏昌祥教授在“昆明冶金高等专科学校安宁校区启用暨 58 周年校庆庆典大会”上做了题为“五十八年成就斐然　昆明冶专再迎良机”的讲话，其中特别强调：五十八年风风雨雨，昆明冶专艰难前行。又迎来了发展历史上一个喜庆的日子——2010 年 11 月 4 日这个昆明冶专 58 周年校庆。我们隆重举行这一活动，就是要争取在有色冶金人才培养、测绘专业人才培养、创新创业活动开展、心理健康教育实施、东盟国际合作推进等方面进一步取得领先成果，推动学校努力发挥国家示范高职院校的辐射作用，等等。

2011 年 4 月 26 日，校长夏昌祥教授“在‘昆明冶专 2011 年知识产权宣传与科技创新推进周’上的致辞”中，特别强调：为了更好履行昆明冶专作为“云南省知识产权普及教育示范学校”的义务，更深体现以“创”文化为主要特征的昆明冶专金色创新校园文化，更多动员昆明冶专师生响应国家号召和顺应世界潮流并积极投身到宣传知识产权战略、维护知识产权权益、参加科技创新活动、多创发明创新专利、多争科技创新成果等一系列活动之中，今天，我们启动以“知识产权助推高职学生设计未来生涯和适应经济转型”为活动主题并以学校创新学院（素质拓展部）总体协调和学校创新创业中心具体负责的“昆明冶专 2011 年知识产权宣传与科技创新推进周”，就是要进一步促进我校“创新创业工程”深入开展，就是要在全校师生中广泛开展知识产权普及教育，营造更加浓烈的昆明冶专创新文化，帮助更多能够弘扬昆明冶专“创新、创效、创业、创造”“四创”校训的创新型高技能人才增强知识产权意识，推动更多师生参加发明创新活动和申报专利等。

（3）利用研讨培训交流大力传播双创教育理念。

2007 年 10 月 16 日，在“云南省高教学会 2007 年年会”上，夏昌祥教授做了题为“高职院校文化建设应重在观念更新”的交流发言。阐述了“在高职院校从以数量求发展向以质量求发展，再由以质量求发展向以品牌求发展，最后再由以品牌求发展向以文化求发展的进程中，作为高等教育重要组成部分和职业教育龙头且拥有高等教育半壁江山的高等职业教育的快速健康发展越来越依赖高职院校文化建设的程度，而高职院校文化建设的程度又往往取决于观念更新的程度”的观点。

2010 年 8 月 4 日，在教育部组织的“中国—东盟高等职业教育与人力资源发展国际论坛”（贵阳）上，夏昌祥教授做了题为“伴随矿冶‘走出去’合作重在东南亚—昆明冶专‘三四五六七’国际合作模式的创新探索”的交流发言。

2010 年 9 月 11 日，在“全国首届西部区域（乌海）产学研合作创新高峰论坛”上，夏昌祥校长做了“产学研合作应把创新高技能人才培养机制作为重要环节”的交流发言。

2010 年 12 月，在北京“全国创新方法论坛”上，夏昌祥教授做了“创新思维方法与自主创新实践的若干哲学思考”的发言等。

10. 通过各种途径争取创新创业教育教学成果（20 多项）

2005~2012 年期间，就昆明冶专而言，“创新感悟”被评为“中国创造学会创造成果奖”，《点燃创新之火——创造力开发读本》被列为教育部“十一五”国家级规划教材，被评为省优教材、“中国创造学会创造成果奖”，《实用创新思维》被列为全国高职高专

"十一五"规划教材和云南省"十二五"规划教材，还被科技部创新方法培训班选用为培训教材，《现代企业管理》被列为"十一五"国家级规划教材，全国冶金优秀教材二等奖、云南省高等教育优秀教材奖、"中国创造学会创造成果奖"，"创造力开发"课程被教育部文化教指委评为精品课程；"现代企业管理"课程被教育部确定为国家级精品课程，其课程建设被评为云南省教育科研成果一等奖。教师获得"中国创造学会创造成果奖"6项、"中国发明协会国际发明展览"1金3银2铜、"中国发明协会十八届发明展览"1金1银，夏昌祥校长荣膺第九届时代中国十大创新人物。学校成为"全国高职高专创新教育重点基地""中国创造学会创造教育实验基地""云南省知识产权教育示范学校""全国冶金高技能人才培养重点基地""云南省高技能人才培育先进单位""云南矿冶高技能人才重点培养基地"等重要基地，学校还荣获中国创造教育杰出贡献奖、2008年中国创造学会创造学研究优秀组织奖、2009年全国职业教育管理创新学校、2010中国教育创新示范单位等荣誉。昆明冶专成功探索的"双定生"人才培养模式及其昆明冶专实施案例被遴选入书，成为教育部向全国高职院校推荐的通过产学研合作培养高技能人才的全国九种模式之一。

（二）尽快推行外围相关的双创理念

首届理事会期间，还通过昆明冶专与外界的关系来全面推行双创理念。

1. 昆明冶专通过参加中国创造学会的各项活动来推行双创理念

2003年，夏昌祥教授就组织学校双创团队人员积极参加中创会的活动。2006年，夏昌祥教授补选为有本专科院校、中职学校、企业等参加的中国创造学会副理事长。2009年8月1日在中创会第四次全国代表大会上（上海），夏昌祥教授继续选为第四届中国创造学会副理事长。并在此次会上，夏昌祥教授评为全国创造教育杰出人物，所带的团队——昆明冶专评为全国创造学研究优秀组织奖。其间，学校有10多项成果评为中国创造学会创造成果奖，组织学校双创团队的老师参加了学会组织的各种创新创造研讨会等活动近20次，撰写双创论文50多篇。夏昌祥教授还与中创会常务副理事长陈成澍教授，应日本创造学会的邀请，共同带领中国创造学会代表团参加日本创造学会年会。开展了双创教育的国际交流，学习了国外先进的双创教育理念和做法，开阔了视野，扩大了中国开展双创教育的国际影响，参加人员受到了一次国际双创教育的高水平洗礼和高规格熏陶。

2. 牵头组建云南省创新创造学会来启动云南高校双创活动

（1）昆明冶专牵头组建了云南省创新创造学会。2008年10月11日，昆明冶专牵头成立了"云南省创新创造学会"，昆明冶专校长夏昌祥教授当选首任理事长。时任中国文学艺术界联合会副主席、中国作家协会副主席、中共云南省委原副书记丹增同志及时任云南省政治协商委员会副主席罗黎辉同志应邀担任"云南省创新创造学会"顾问，罗副主席出席成立大会并讲话，丹增书记出差途中发来贺电。

其理事会组成为：

理 事 长：夏昌祥（昆明冶专校长）。

副理事长：武建国（云大副校长）、彭增华（昆明理工大副校长）、潘祖和（云南财大党委副书记）、杨金华（云南交通职院院长）、王泽华（省科技发展研究院院长）、赵文亮（昆明冶专副校长）。

秘 书 长：谭红翔（昆明冶专办公室主任）。

常务理事：张桥贵（云南民大副校长）、高小和（曲靖师范学院副院长）、李善华（云南机电职院院长）、马淑平（昆明工职院院长）、彭志远（云南农职院院长）、刘建平（德宏师专副校长）、李建波（云锡职院常务副院长）、赵华明（云南冶金技校党委书记）。

理　　事：袁明喜（云南冶金集团组织人事部常务副部长）、沈裕昆（云锡集团劳动人事处处长）、孔繁工（昆钢集团组织人事部常务副部长）、管弘（云铜集团组织人事部主任）、张东辉（云天化集团办主任）、赵飞（云煤集团副部长）、李青（云南物流集团副部长）、杨浩李（云南地方煤矿事业局局长）、周训文（云南南磷集团副总经理）、唐良祝（昆明财兴盛集团办主任）、何吉勇（云南驰宏公司党委副书记）、张文俊（云南铝业公司人力资源部主任）、蒋绍平（云南澜沧铅矿公司总经理）、何维兵（云南金鼎锌业公司经理）、杨腾远（云南金沙矿业公司人力资源部主任）、沈立俊（昆明冶研新材料公司总经理）、李连鑫（云南楚雄矿业公司总经理）、王洪超（云南华联锌铟公司经理助理）、朱骏红（红河恒昊矿业公司董事长）、王运正（云南文山斗南锰业公司总经理）、聂曲（西双版纳职院常务书记院长）、徐敦山（云南红塔滇西水泥公司总经理）、黎儒新（云南金诚信矿业管理公司副总经理）、李福州（云南曲靖越州钢铁集团副总经理）、郝林坚（云南玉溪矿业公司人力资源部主任）、程建华（云南锑业公司副总经理）、段方能（云南鹤庆锰业公司）、廖晓琼（昆明职中校长）、李群（云南曲靖财校校长）、陆永金（云南文山民族职校校长书记）、李彪（云南红河民师校长书记）、彭霖（云南剑川职中校长）、满盈全（云南曲靖师宗职校校长书记）、段永能（云南河口职中校长）、张建（云南宁洱职中校长）、周志和（云南江城职中校长）、和江云（云南临沧技校校长书记）。

调整以后的理事会组成（2011年12月30日会员代表大会讨论通过）：

理 事 长：夏昌祥。

副理事长：张红武（昆明冶专原党委副书记）（常务）、彭增华、潘祖和、王泽华、杨金华、李小薇（昆明冶专党委副书记）。

秘 书 长：崔霞（昆明冶专创新学院主持工作副院长）；常务副秘书长：旃亚玲（昆明冶专创新中心主任）。

（2）形成了每年一周的高校“知识产权宣传与科技创新推进周”活动。每年4月26日~5月2日，学会配合云南省知识产权局与昆明冶专联合举办为期一周的“知识产权宣传与科技创新推进周”活动。

（3）全力推进了云南省的技术推广和创新方法普及工作。学会先后与云南科技发展研究院签订了“技术转移推广合作协议”、与清华大学签订了“共同推广粉体（纳米、晶须）材料技术协议”、与江苏新世纪环保公司签订了“共同推广‘纳米膜实现污水处理’技术协议”、与云南东方红节能设备工程有限公司签订了“共同推广‘太阳能+热泵’技术协议”，并已经开展了与云南驰宏公司、云天化集团、昆明钢铁集团、云南锡业集团、昆明冶研新材料股份有限公司等10多个企业的技术推广工作。特别促成了清华大学与云南驰宏公司关于纳米氧化锌项目的合作研发。至2011年5月起，在云南省科协、省科技厅、冶金集团总公司、省知识产权局的大力支持下，学会组织专家完成了8场次面向全省高校、企业、科研院所的TRIZ创新方法普及培训。

（4）筹划举办了首届云南省大中专院校创新创业技能大赛。2012年5月16日，云南省创新创造学会邀请云南省发明协会和云南中华职教社以云创会字（2012）11号下发了《关于举办“首届云南省‘一乘杯’创新创业技能大赛”的通知》，由三家联合举办、省委高校工委大学生工作部、省教育厅高教处、省教育厅职成教处、省人力资源与社会保障厅职业能力建设处作为支持单位，云南交职院作为承办单位、云南一乘驾驶培训有限公司作为赞助单位。

首届大赛共设三类8个奖项：

1）创新类。一是发明制作作品——具有现实意义的创新性实物作品。二是艺术制作作品——具有艺术性、新颖性的艺术作品。

2）创意类。一是技术创意作品——能解决现实问题而形成的技术创意方案。二是管理创意作品——管理创意书、营销策划书等管理创意方案。三是艺术设计创意作品——平面设计创意作品（广告和招贴海报设计）和环境设计创意作品（室内室外景观设计）等作品。四是会展策划创意作品——针对会议、展览、庆典和演艺等提出的策划创意方案。

3）创业类。一是个人创业计划作品——个人创业计划书。二是团队创业实施作品——可以实施的团队创业方案。共有24所院校的319个项目参赛。

3. 通过牵头中国高职研究会创新创造工作委员会来更广推进双创教育

2010年6月10日，中国高职研究会以高职研〔2010〕17号文件下发了《关于召开高职研究会七届五次常务理事会暨“高职高专院校支持新疆职业教育发展联盟”签约仪式、“全国第四届高职高专发明杯大学生创新大赛”颁奖活动通知》，并明确3个主要内容之一为：3. 进行“全国第四届高职高专‘发明杯’大学生创新大赛”颁奖活动，启动“全国第五届高职高专‘发明杯’大学生创新大赛”活动；组建高职研究会高职高专院校大学生创新创造工作委员会。

8月13日，中国高职研究会七届五次常务理事会议，通过并下发了《关于成立研究会高职高专创新创造工作委员会的决定》。《决定》强调：“为了进一步适应社会要求，积极履行研究会的义务和职能，结合高等职业教育特点，培育具有创新精神和创新能力的高职大学生，经研究，高等职业技术教育研究会决定成立分支机构：研究会高职高专创新创造工作委员会。新成立的高职高专院校创新创造工作委员会，由昆明冶金高等专科学校、深圳职业技术学院、邯郸职业技术学院、长沙民政职业技术学院、新疆农业职业技术学院、北京工业职业技术学院、重庆工程职业技术学院、郑州牧业高等专科学校、西安思源学院等院校牵头发起，在研究会的指导下，围绕高职高专院校创新教育研究、创新人才培养、组织创新活动等方面开展工作，为我国高等职业教育的发展贡献力量！”

中国高职研究会高职高专创新创造工作委员会的组成人员为：

主任委员：夏昌祥（昆明冶专校长　教授）。

副主任委员：万金保（深圳职院副院长　教授）、王志勇（邯郸职院院长　教授）、罗志（长沙民政职院党委书记　教授）、王毅（新疆农职院院长　教授）、陈建民（北京工职院院长　教授）、张亚杭（重庆工程职院院长　教授）、介晓磊（郑州牧专校长　教授）、周延波（西安思源学院院长　教授）、张红武（昆明冶专党委副书记）。

顾　　问：鲁克成（天津工程师院教授）。

秘书处设在昆明冶专，秘书长：杨永锋（昆明冶专学生处处长），**副秘书长**：刘晓欢（武汉职院科技处处长）、尚慧文（邯郸职院科研处处长）、邹京升（北京工职院科技处处长）、谢文兵（深圳职院团委书记）、温长胜（浙江机电职院教务处）、董晓红（新疆工业高专教师）、陈爱玲（河北化工职院教师）、杨浩（昆明冶专创新创业中心主任）。

会上，新任主任委员夏昌祥教授做了履新讲话。然后，夏昌祥教授组织了第四届和第五届两届大赛的颁奖和第四期全国高职院校创新教育师资培训班。

同年12月18日，在"中国高职研究会第八届理事会暨第十二次学术年会（昆明）"上，夏昌祥教授做了《昆明冶专发展特色高职的创新探索》的发言等。

4. 通过参加教育部高职工商管理教指委来嫁接管理创意大赛的开展

首届理事会还创造性地嫁接了针对高职院校经营管理类大学生的3届"全国高职高专大学生管理创意大赛"。

2009年4月初，全国高职工商教指委专门下发了《关于举办首届全国高职高专大学生管理创意大赛的通知》，由全国高职工商教指委和全国创新工委联合主办、昆明冶专承办的首届管理创意大赛正式开展并于2009年9月圆满结束。9月30日，全国高职工商教指委下发了关于表彰"首届全国高职高专大学生管理创意大赛"获奖者的决定。首届大赛共收到全国各省、市、自治区高职高专院校送来的作品339件，经大赛组委会专家评审，共评出"金奖"作品24件、"银奖"作品41件、"铜奖"作品71件；其中昆明冶专、深圳职院和湖南铁道职院3所院校荣获"最佳组织奖"，黑龙江农业经济职院、陕西工职院、广东科技职院、浙江水专、福建商业高专、广东农工商职院、成都航空职院、郑州牧专等8所院校荣获"优秀组织奖"，山东科技职院、云南农职院、广东工贸职院、江西财经职院、濮阳职院、重庆工商职院等6所院校荣获"组织奖"。本次大赛同时纳入"第四届全国高职高专'发明杯'大学生创新创业大赛"同步奖励。

2010年4月，全国高职工商教指委下发了《关于举办第二届全国高职高专大学生管理创意大赛的通知》，其中特别强调"旨在为学生提供一个展示管理创意想法的创新平台、一块尝试自主创业的试练场合、一次检验管理创意感悟的实践机会。力求使学生在掌握和运用企业经营管理知识的基础上，发掘创新优势，不断提升自我，切实提高创业与就业的实践能力，以获得更好的发展前景"。由全国高职工商教指委和全国创新工委联合主办、昆明冶专承办的第二届管理创意大赛正式开展并于2010年8月圆满结束。工商教指委8月16日下发了《关于表彰"第二届全国高职高专大学生管理创意大赛"获奖者的决定》。本届大赛共收到全国各省市自治区73所高职高专院校送来的作品790项，共评出"金奖"作品28件；"银奖"作品53件，"铜奖"作品74件，"优秀奖"作品107件。在参赛院校评比中，淄博职院、黑龙江农业经济职院、成都航空职院、福建商业高专、深圳职院、昆明冶专等6所院校，郑州牧专、浙江商业职院、陕西工职院、南京化工职院、浙江水专、南通职大、浙江工商职院、濮阳职院、浙江东方职院、重庆教育学院、南宁职院、广东农工商职院等12所院校，江西财经职院、河南工职院、邯郸职院、天津职大、日照职院、天津轻工职院、广西国际商务职院、芜湖职院、宁波大红鹰职院、无锡商业职院、苏州职大、湖南铁道职院、云南农职院等12所院校分别荣获"最佳组织奖""优秀组织奖"

和“组织奖”。本次大赛同时纳入“第五届全国高职高专‘发明杯’大学生创新创业大赛”同步奖励。

2011年6月初，全国高职工商教指委下发了《关于举办第三届全国高职高专大学生管理创意大赛的通知》，由全国高职工商教指委和全国创新工委联合主办、昆明冶专承办的“第三届全国高职高专大学生管理创意大赛”正式开展并于2011年9月圆满结束。工商教指委9月25日下发了《关于表彰“第三届全国高职高专大学生管理创意大赛”获奖者的决定》。本次大赛共收到570多件作品，经大赛组委会专家认真评审，共评出一等奖30件，二等奖56件，三等奖85件。在参赛院校评比中，黑龙江农业经济职院、昆明冶专、淄博职院、浙江工商职院、浙江水专、南京化工职院、南宁职院、南通职大、淮安信息职院、威海职院等10所院校荣获“最佳组织奖”，广东岭南职院、山东科技职院、福建商专、广东农工商职院、浙江经济职院、浙江商业职院、广东罗定职院、江苏财经职院、重庆教育学院、山东交通职院、青岛黄海学院、天津滨海职院、温州科技职院、浙江东方职院、连云港职院、安徽国防科技职院、桂林理工大南宁分校、深圳职院、湖州职院、苏州信息职院、河源职院、邢台职院、扬州职大、浙江交通职院等25所院校荣获“优秀组织奖”。

5. 通过牵头全国高职心理健康教育组织来协同改善双创的活动环境

在全国高校双创教育专家和心理健康教育专家、天津工程师范学院鲁克成教授的指导下，昆明冶专的心理健康教育得到迅猛发展并走在全国高职院校前列。

（1）受托组建全国性高职心理健康教育组织。在中国心理卫生协会大学生心理咨询专业委员会（简称心理咨询专委会）主任委员、北京航空航天大学副校长王建忠教授和秘书长马喜亭教授的大力支持下，心理咨询专委会2010年1月12日，下发了《关于举办中国心理卫生协会大学生心理咨询专业委员会拟成立全国高职心理健康教育工作委员会筹备会的通知》，然后于2月23日至2月25日在云南西双版纳召开了筹备会议。并协商委托昆明冶专夏昌祥校长牵头组建了“中国心理卫生协会大学生心理咨询专业委员会全国高职院校心理健康教育工作委员会”（简称“全国高职心理教育工委”）。2010年5月29日，在北京师范大学隆重举办的、来自美国、日本及全国各地400多所高校近800人参会的“第11届全国大学生心理健康教育与咨询学术交流会”上，心理咨询专委会正式授牌成立了“全国高职心理教育工委”，新任主任、昆明冶专夏昌祥校长从心理咨询专委会主任委员王建忠教授手中接过牌子，正式开始了全国高职院校有组织开展大学生心理健康教育的旅程。随后夏昌祥校长在会上做了就职感言。心理咨询专委会随后于5月30日以心卫大学生〔2010〕2号文件下发了《关于成立中国心理卫生协会大学生心理咨询专业委员会全国高职院校心理健康教育工作委员会的通知》，公布了组成人员。

主　　任：夏昌祥（昆明冶专校长）。

副 主 任：马喜亭（心理咨询专委会常委兼秘书长）、李玉鸿（新疆农职院党委书记）、江才妹（上海医疗器械高专党委书记）、张旭翔（南京信息职院院长）、陈秋明（深圳职院副校长）、任保奎（北京工职院党委副书记）、刘弘（天津职大党委副书记）、张蕴启（成都航空职院党委副书记）、李斌（长沙民政职院副院长）、覃川（青岛职院副院长）、肖本强（吉林电子信息职院党委副书记）、张红武（常务　昆明冶专党委副书记）。

顾　　问：鲁克成。

常务委员：张方明（兰州石化职院院长）、刘黎（成都电子机械高专党委书记）、李志丽（重庆电专党委书记）、朱康（扬州环境职院党委书记）、刘世芳（厦门医专党委副书记）、谭谦章（顺德职院纪委书记）、蒋双庆（黑龙江农业工程职院副院长）、鲁亚平（四川建筑职院党委副书记）、聂曲（西双版纳职院常务副院长兼党委副书记）、方建（海南职院党委副书记）、李志宏（昆明冶专素质拓展部副部长兼心理健康教育中心主任）、邓丽芳（心理咨询专委会委员兼秘书）、郑洪利（青岛职院教育学院院长）、吴建斌（浙江金融职院组织部长）、齐志明（北京电子科技职院学生处长）、王朝庄（河南鹤壁职院常务副院长）。

委　　员：陈亚鸿（扬州环境职院副书记）、张纪梅（厦门医专心理咨询中心主任）、唐慧敏（深圳职院心理健康教育中心主任）、袁一平（顺德职院心理健康教育中心主任）、陶爱荣（南京信息职院心理健康教育中心主任）、赖芳（成都电子机械高专学生处处长）、陆洪（天津职大学生处副处长）、冉超凤（成都航空职院心理健康教育中心主任）、李建（四川建筑职院心理健康教育指导中心主任）、辛晓亚（重庆电专素质教学部主任）、胡桂英（浙江体育职院心理健康教育中心主任）、罗艳珠（长沙民政职院社会工作系心理学教授）、潘清（上海电机学院书记助理）、白杨（河南郑州卫生职教集团主任）。

秘书处设在昆明冶专，**秘书长**：张红武（兼），**副秘书长**：李志宏（常务）、邓丽芳、袁一平、郑洪利、赖芳。

全国高职院校心理健康教育工作委员会学术部，主任：郑日昌（北京师大心理学院教授、博士生导师），**副主任**：鲁克成、马喜亭。

（2）推动全国性高职心理健康教育活动。全国高职心理教育工委从2010~2012连续三年组织开展相关活动并举办了三届年会，一直到2012年年会上将工作移交给南京信息职院（院长张旭翔任主任，学院心理健康教育中心陶爱荣主任任秘书长）。其活动情况介绍如下。

2010年，在“中国科协关于中国教育的人文思考研讨会”（北京）上，夏昌祥校长发表了题为“高职发展急需人文：避免高技能人才带病上岗——以昆明冶专快速发展中的人文教育为例”的发言；在全国高职心理教育工委成立会上，夏昌祥主任做了“上好幸福课程　做好幸福工作　以提升幸福指数的实效尽量避免高技能人才带病上岗”的就职感言。

在“全国高职院校心理健康教育2010学术年会暨先进表彰大会”上，夏昌祥主任做了题为“心理健康教育的终极目标就是成就幸福人生——努力推进高职院校心理健康教育的‘三幸工程’”的学术报告。

2010年会上还表彰了先进集体48个院校：青岛职院、深圳职院、南京信息职院、昆明冶专、天津职大、威海职院、大庆职院、山西工程职院、无锡职院、浙江金融职院、徐州建筑职院、新疆农职院、四川建筑职院、北京工职院、云南交职院、南京工职院、成都航空职院、浙江金华职院、黑龙江农业工程职院、上海电机学院、扬州职大、台州科技职院、广东食品药品职院、天津交职院、河北旅游职院、天津轻工职院、江苏经贸职院、南京交职院、云南机电职院、河南商业高专、重庆电力高专、厦门医学高专、浙江建设职院、云南林业职院、云南热带作物职院、云南国土职院、浙江水专、黑龙江生态工程职院、顺德职院、宁波职院、浙江机电职院、台州科技职院、郑州牧高专、常州机电职院、吉林电子信息职院、扬州环境职院、成都电子机械高专、上海医疗器械高专。

还表彰了优秀个人 67 人：徐庆福、李志宏、朱伟、江强明、叶星、蒋双庆、王佳欣、王芳、胡桂英、冉超凤、袁一平、郑丽、简洁、姜莲、陈玉焕、张劲东、张继玉、吴丽玫、叶琳琳、龚丽萍、赖芳、桑小洲、张纪梅、孙桂君、杨杰、陶爱荣、曹坚、李胜宏、徐畅、韩云萍、朱丽芬、陈明星、郑晖、林孟晖、孙云、鞠晓辉、张海涛、张国成、周显晶、苏继春、唐慧敏、尹海兰、仇文华、周瑞珍、魏静、李想、袁威、魏改然、陶莹、祖文明、杨龙海、王晋江、杨维杰、段保才、龚娜、邱萌、张丽君、吴美娟、吉梅、黄安云、李斌、李玲玲、康荔、徐竞、吴克勤、刘静、石明杰。

还表彰了优秀论文 70 篇。其中，一等奖 10 名，即《高职学生人际关系敏感探析》（李志宏）、《高职高专大学生网络隐喻表征维度研究》（赖芳）、《高职高专学生学习倦怠成因及对策研究》（向晓蜜）、《心理学在新生心理筛查回访中的应用》（唐友莲、朱仙桃）、《高职院校辅导员职业效能感研究》（汪清、戴涵莘）、《基于元认知的拓展训练对高职学生自信心影响的实验研究》（王霞、张定华）、《高职生的心理压力及应对策略研究》（袁庆华）、《团体辅导在高职新生入学教育中的应用研究》（韩丹）、《高职大学生人际信任、自尊与家庭环境关系研究》（魏改然、刘俊茹）、《贫困大学生抑郁心理的干预研究》（向群英、刘东渝、吴敏、易传英、钟丽萍）等十篇，及二等奖 20 名、三等奖 30 名和优秀奖 10 名。

在“2011 全国高职院校心理健康教育学术年会暨表彰大会”上，夏昌祥主任做了题为“加速推进高职后示范心理健康教育的对策探寻”的年度工作报告。会议还表彰了 57 名先进个人，79 篇优秀论文（其中一等奖 11 篇、二等奖 18 篇、三等奖 26 篇、优秀奖 24 篇），特别贡献奖院校 1 所（黑龙江生态工程职业学院），特别贡献奖个人 5 名，分别是高铁春（黑龙江省教育厅学生工作部副部长　正处级调研员）、金宏章（省高校学生心理健康教育与心理咨询专业委员会秘书长、哈尔滨工程大学人文社科学院院长）、徐庆福、李志宏、孙桂君。

在“2012 全国高职院校心理健康教育学术年会暨表彰大会”上，夏昌祥主任做了开幕式致辞，然后做了题为“勤借善创巧用心　适度应变妙点火——暨全国高职院校心理健康教育工作委员会 2012 工作报告”的发言。会议还表彰了 1 个“2012 年度全国高职院校心理健康教育工作突出贡献院校奖”、5 名“2012 年度全国高职院校心理健康教育工作特别贡献个人奖”、47 名“2012 年度全国高职院校心理健康教育工作先进个人”、86 篇“2012 年度全国高职院校心理健康教育优秀论文”（其中一等奖 12 篇、二等奖 26 篇、优秀论文奖 48 篇）。

（3）牵头院校做出表率。到 2012 年底，昆明冶专主要开展了以下工作：

1）着重理念入脑。学校按照《国家中长期教育改革和发展规划纲要》强调的“把促进学生健康成长作为学校一切工作的出发点和落脚点”及上级的总体要求，遵循“通过科学求真、运用人文求善、坚持艺术求美”的育人规律，践行“创新、创效、创业、创造”的“四创”校训，十分注重大学生心理健康教育，提出了“上好幸福课程，做好幸福工作，提升幸福指数的实效，尽量避免高技能人才带病上岗”“让心理健康教育课程成为帮助学生心理阳光的幸福课程，让心理健康教育工作做成能增加学生幸福指数的幸福工作”的理念。学校通过宣传教育及普及心理知识，每年“5・25”学校都开展讲座、咨询、电影赏析等心理健康宣传活动，帮助全校教职工特别是更多大学生认识到接受心理健康教育的现实意义，通过课堂教学传授心理技能，帮助更多大学生增强排解压力的能力，通过咨询辅导调整学生心态，帮助更多大学生提高处理困惑的应变技巧。通过各种形式的心理疏导，帮助更多大学生不断培养珍爱生命、关心集体、心理阳光、悦纳自己、不怕挫折、善待他人的优良品格。

2）实施“三幸工程”。学校通过实施“上好幸福课程，做好幸福工作，提升幸福指数”的“三幸工程”（学校统一开展的十大工程之一），全面规范学校的心理健康教育教学活动，形成了“昆明冶专心理健康教育13531工作机制”，即大力倡导一种育人理念、努力完成三项主要任务、全面推行五类运行模式、切实提供三项工作保障、最终实现一大总体目标。

3）校长亲自推进。长期以来，夏昌祥校长除了把学生工作作为“一把手工程”外，还提出并坚持实施了“校长心系学生计划”（认真做好五个交流、努力推进六个到位、切实抓好八个环节）。即认真做好五个交流：在“新生开学典礼”上进行“开学寄语”交流，在“团学干部培训班”上进行“培训感言”交流，在“学生表彰大会”上进行“表彰祝词”交流，在“校长与毕业生恳谈会”上进行“直接解惑”交流和在“学生毕业典礼”上作“临别赠言”交流，对学生进行系统的教育培训和就业指导；努力推进六个到位：校长带领教职员工努力推进学生服务管理工作的体系、制度、机制、环境、资金和条件到位；切实抓好八个环节：切实抓好开学寄语、学干培训、约见沟通、接待疏导、网上交流、表彰鼓励、恳谈解疑和毕业赠言等八个环节，并坚持了十年。对学生进行了很好的心理健康教育、双创教育和就业创业指导，起到了很好的教书育人的作用。

4）建成最强基地。学校还创建了中国高校最大最好的心理健康训练基地（这是来自主任委员王建忠教授、清华大学樊富珉教授、北京师大郑日昌教授、浙大马建青教授、南京大学桑志芹教授等一批国家级心理健康教育专家的评价）。学校不但把心理健康教育中心放在学校创新学院里面，还在学校创新大楼里专门安排一层楼2000多平方米作为心理健康教育中心的办公和实训基地。并投入300多万元资金，建设规模宏大的“学校室内外心理素质提升训练和素质拓展基地”。主要包括情绪宣泄室（基础）、智能虚拟宣泄室、监控室、箱庭治疗室—团体沙盘、箱庭治疗室—个体沙盘、测量室、行为观察室、团体音乐放松室、接待室/图书室、心理素质拓展训练室、身心反馈训练室、音乐放松兼体感音波放松室、团体辅导训练室等。其基地建设处于全国高职乃至全国高校前列。

5）取得一批成果。昆明冶专心理健康教育中心教师主持或参与完成了多个不同级别的课题；公开发表了学术论文20多篇；组织编写了高等教育“十一五”规划教材《大学生心理健康实用教程》；2008年、2010年、2012年连续三次荣获“全国大学生心理健康教育工作先进单位”荣誉称号；2009年被省高教学会评为云南省高等教育先进集体；2009年中心两位教师被中国教育学会评选为年度心理健康教育工作“先进实验教师”；2010年一位教师被评为全国大学生心理健康教育先进个人；2010年学校创新学院副院长兼心理健康教育中心主任李志宏副教授荣获三年一次的“首届全国高职心理健康教育十佳教师”称号，首任主任夏昌祥校长荣获“全国高职院校心理健康教育工作突出贡献奖”等。

6. 通过担任全国冶金职教分会会长机会来传播双创教育理念

夏昌祥自2008年担任中国冶金教育学会职教分会会长以来，先后利用作为吉林省和山东省教育厅邀请的全国高职院校评估专家（副组长）身份到全国冶金系统的吉林电子信息职院、山东工业职院进行评估的机会，利用作为预评估专家到系统的四川机电职业技术学院进行现场指导的机会，利用作为四川省教育厅邀请的四川省示范院校评审专家对四川机电职业技术学院进行评审的机会，利用特邀专家和会长身份带系统的昆明工业职业技术学院、河北工业职业技术学院、内蒙古机电职业技术学院、镇江高等专科学校、（北京）现代管理大学、福建工业（理工）学校等院校举办创新讲座或者师生座谈会的机会，利用会长身份到山西工程职业技术学院组织“首届全国冶金技能大赛”的机会，积极倡导和广泛传播双创教育理念。

2009年7月23日，在上海召开了由上海新奥拓公司承办的“全国冶金职教书记校长会暨中国冶金职业教育年会”，中国冶金教育学会的崔宝璐理事长、全国高职高专校长联席会李进主席、中国职教学会石伟平副理事长、上海市教委许涛处长、上海市职教学会李炳伟秘书长、同济大学中德学院张建荣副院长、中国创造学会王里青副秘书长、上海工技大汪泓校长、上海应技院陈东辉副校长、上海二工大瞿志豪副校长、上海新奥拓公司曹明华总经理、上海国资委资产管理公司徐建设总经理、中国十四冶金集团上海公司姚辉总经理、云南驰宏公司上海办事处王达主任应邀参加了会议。会议邀请了中国顶尖的职教专家李进主席、上海教科院高职研究中心主任马树超教授和全国高职高专校长联席会秘书长陈解放教授、石伟平教授在会议上做了精彩报告和重要讲话。

会上，中国冶金教育学会副理事长兼职教分会会长、昆明冶专校长夏昌祥教授做了“树信心　转观念　争取‘有特色、高水平’高职创新目标早实现”的工作报告，特别强调了“全国冶金职业院校应当以创新的思维、全新的理念来切实把握参加学会活动这一推动自身院校快速健康发展的良好机遇，利用一切可以利用的平台，抓住一切可以抓住的机遇，借鉴一切可以借鉴的经验，动员一切可以动员的力量，整合一切可以整合的资源，建立一切可以建立的关系，开拓一切可以开拓的市场，千方百计地、全力以赴地、科学系统地、高效持续地推动自身院校的健康发展。同时各院校还应当不断树立改革创新的理念、经营学校的理念、主动出击的理念、抢抓机遇的理念、够用为度的理念和协调发展的理念。在坚持创新中把握好科学发展的‘协调发展、均衡发展、内涵发展、规范发展、专业发展、安全发展、生态发展’七个纬度，结合客观实际，创造性地推动学校又好又快地向前发展”等。会议还表彰了全国冶金职教先进集体和先进个人。

2010年12月8~11日，校长夏昌祥教授筹划在太原举办了由全国冶金职教学会主办、山西工程职院和昆明冶专共同承办的“首届全国冶金大学生技能大赛”（合作企业—山东星科智能科技有限公司）。在大赛闭幕式上，夏昌祥会长做了题为“借力全国冶金平台　以赛助生更好就业”的讲话，其中强调：要按照《国家中长期教育改革和发展规划纲要》强调的“把促进学生健康成长作为学校一切工作的出发点和落脚点”的总体要求和“优先发展、育人为本、改革创新、促进公平、提高质量”的20字方针，围绕胡锦涛总书记向广大青年提出的“以坚定远大的理想励志前行，以孜孜不倦的精神求索新知，以高尚美好的情操培育品德，以锐意创新的激情投身实践，以艰苦扎实的奋斗成就人生”的“五以希望”，通过合作办学、合作育人、合作就业和合作发展的办学途径，遵循“通过科学求真、运用人文求善、坚持艺术求美”的育人规律，从现在开始就接连不断地教导同学们毕业后，谨记《第五项修炼》提出的“惟一持久的竞争优势，是具备比你的竞争对手学习得更快的能力”的现代创新感悟，引导学生努力按照大师的标准严格要求自己等。

2010 年 7 月 21 日，在河北工职院承办的“全国冶金职教 2010 年学术年会暨书记院校长会”上，校长夏昌祥教授做了《巧乘东风借平台　抢抓机遇重“学改”争取在新的历史拐点上再展冶金职业院校新风采》的工作报告。

2010 年 9 月 13 日，在“2010 年内蒙古机电职院创新方法培训会”上，夏昌祥教授做了题为“观念与成功的对接：创新思维赢未来”的创新讲座（学校属于全国冶金系统）。

2012 年 5 月 27 日，在“2012 全国冶金职教理事长会议”上，校长夏昌祥教授做了会议寄语，其中强调“突出三重点：人文教育、创新教育、心理健康教育”；同时强调“高职后示范就是要全力抓好：以‘三生’教育为基础（生命教育、生存教育、生活教育，让学生认知生命的价值、增长生存的智慧、培养生活的信仰）、以人文教育为突破、以创新教育为中心、以心理健康教育为重点的大学生文化素质教育”；特别强调“钱学森之问”的核心是指出我们现在的大学生创新能力不强而特别需要加强的大学创新教育。时任中共中央委员会总书记胡锦涛同志又特别强调培养大学生的创新思维能力，并于 2011 年 4 月 24 日在清华大学百年校庆大会上给清华大学的同学们和全国青年学生提出了三点希望，“第二，希望同学们把创新思维和社会实践紧密结合起来。科学理论、创新思维来自于实践，又服务于实践。同学们要做到勤于学习、善于思考、勇于探索、敏于创新，激发求知欲和好奇心，在打好知识根基的前提下，提高创新思维能力，不断认识和掌握真理。同时，要坚持理论联系实际，积极投身社会实践，在基层一线砥砺品质，在同人民群众的密切联系中锤炼作风，在实践中发现新知、运用真知，在解决实际问题的过程中增长才干，不断提高实践能力、创新创业能力，切实掌握建设国家、服务人民的过硬本领，为走上社会、成就事业打下坚实基础”，我国著名教育家陶行知先生也强调“处处是创造之地，天天是创造之时，人人是创造之人”。

7. 通过参加中国高教学会公关专委会来传播双创教育理念

2007 年 11 月 26 日，中国高教学会公关专委会副理事长、昆明冶专校长夏昌祥教授发表了题为《昆明冶专开展形象塑造的实践与探索》的文章，其中强调，重点通过三个方面塑造昆明冶专形象——赢在理念：在“以育人为根本”中塑造形象，赢在经营：在“以服务为宗旨”中塑造形象，赢在创新：在“以就业为导向”中塑造形象等。

2008 年 10 月 24 日，夏昌祥教授在“全国高校公共关系昆明培训基地揭牌仪式”上的致辞强调：我们将珍惜这一机会，按照专委会的要求创造性地搞好公关培训等工作等。

2008 年，夏昌祥教授牵头组建团队在教育部高职高专工商管理类专业教指委申请到立项课题“公共关系专业项目导向教学公司化运作管理的人才培养模式探讨”，并于 2009 年 12 月 31 日顺利结题。

2009 年 4 月 26~29 日，由中国高等教育学会公共关系教育专业委员会和全国高校公共关系昆明培训基地主办、昆明冶专承办的“首期高校公关危机管理研修班”开班，邀请的授课专家有：首都经贸大党委副书记、教授冯培博士，吉林大学马列学院院长、国家二级教授韩喜平博士，复旦大学医学院党委副书记、教授钱海红（女）博士，云师大副校长何伟全教授和昆明冶专校长夏昌祥教授。

2010 年 12 月 24~26 日，昆明冶专成功承办了中国高教学会公关专委会主办的“礼仪 2010 · 首届大学生礼仪大赛全国决赛”。

2010 年 12 月 16 日，夏昌祥教授在“昆明冶专大学生公关礼仪文化周”启动仪式上做了题为“站在冶专新的发展起点上，努力培养新的现代文明人”的致辞。

2012 年 7 月 22 日，夏昌祥教授在全国公共关系专委会研讨会上，做了一场题为“创新思维巧解公关危机”的实用创新培训讲座等。

8. 通过牵头云南高教学会高职分会来传播双创教育理念

2005 年 7 月 20 日，云南省高等教育学会高职高专教育分会第一次会员大会通过选举，产生了“云南省高等教育学会高职高专教育分会第一届理事会”。

理 事 长：夏昌祥（昆明冶专校长）。

副理事长：张国华（云南省教育厅高教处处长）、王永全（云南省教育厅高教处副处长）、王资（昆明冶专副校长）、杨金华（云南交通职院院长）、杜巍（思茅师专校长）、聂曲（云南西双版纳职院党委书记院长）、徐和平（云南医专校长）。

秘 书 长：王资（兼），**副秘书长**：谢怀昆（云南省教育厅高教处）、杨磊（文山师专副校长）、周翔（云南国土职院副院长）、黄毓玺（云南交通职院副院长）、赵汉英（云南医专副校长）、李小薇（昆明冶专高职研究所常务副所长）。

常务理事（按姓氏笔画为序）：王资、王永全、朱维华（云南科技信息职业学院院长）、李华（云南国土资源职业学院院长）、杜巍、张国华、杨金华、郝南明（文山师专校长）、徐和平、聂曲、夏昌祥、谢怀昆、潘祖和（临沧教育学院院长）。

理事单位（共 30 家）：昆明冶专、云南交通职院、昭通师专、文山师专、思茅师专、保山师专、云南国土职院、昆明工业职院、云南司法警官职院、西双版纳职院、临沧教育学院、丽江教育学院、德宏教育学院、云南机电职院、云南医专、云南国防工业职院、云南能源职院、云南体育运动职院、云南热带作物职院、云南林业职院、云南农业职院、玉溪农业职院、云南文化艺术职院、昆明艺术职院、南方电力职工大学、云南科技信息职院、云南经济管理职院、云南爱因森软件职院、昆明扬帆职院、云南北美职业学院。

分会成立当日，就公布了“云南省高等教育学会高职高专教育分会 2005 年下半年工作要点”。

2006 年 10 月 13 日，在“云南省高职高专教育分会 2006 年年会”（曲靖）上，夏昌祥理事长做了题为“充分利用云南高职分会平台　共同推动云南高职健康发展”的工作报告，其中第二部分“以创新的思维切实把握高职发展的各种机遇”特别强调：“参加分会的各高职高专院校应当以创新的思维、全新的理念来切实把握参加分会活动这一推动自身院校快速健康发展的良好机遇，利用一切可以利用的平台，抓住一切可以抓住的机遇，借鉴一切可以借鉴的经验，动员一切可以动员的力量，整合一切可以整合的资源，建立一切可以建立的关系，开拓一切可以开拓的市场，千方百计地、全力以赴地、科学系统地、高效持续地推动自身院校的健康发展。我们应当树立改革创新的理念，我们应当树立经营学校的理念，我们应当树立主动出击的理念，我们应当树立抢抓机遇的理念，我们应当树立够用为度的理念，我们应当树立协调发展的理念。”

2007 年 9 月 28 日，在“云南省高教学会高职高专教育分会 2007 年年会（普洱）”上，夏昌祥理事长做了题为“加速观念更新　强化内涵建设——云南省高职高专教育分会 2007 年的主要工作和今后的主要打算”的工作报告，强调年会主题为“围绕示范要求，强化内涵建设，加速观念更新，尽快适应形势，抢抓各种机遇，推动高职发展”，像 2006 年年会提出的希望一样，“希望大家尽快更新观念，适应形势发展”。年会上，典型的双创案例，就是昆明冶专高等职业教育研究所的乐莉老师或宣读了她的最新创新论文《坚持“三个面向”，培养高职学生的创新能力》，在其论文的摘要中她强调：随着知识经济时代的到来，加强对高职学生创新精神和创新能力的培养已经成为时代教育的必然要求。高职院校作为国家创新教育的主要基地，应按照“教育要面向现代化，面向世界，面向未来”的人才培养方向，转变教育思想，更新教育观念，不断深化教学改革，推进文化创新和高职人才培养模式创新，营造良好的创新氛围，为高职学生开展创新活动，提高创造技能，培养创新能力创造有利条件”。并从“1 转变教育思想，更新教育观念”、“2 加强基础教育，增强高职学生的创新意识”、“3 深化教学改革，推进教学内容和方法的创新”和“4 注重实践，提高高职学生的动手能力”四个方面展开了论述。

2008 年 11 月 13 日（德宏），在“云南省高职教育研究会 2008 年学术年会”上，夏昌祥理事长做了“高职教育：08 神速 30 年丰 5 年任重”的工作报告。在介绍“2008 高职教育：成果丰硕、30 年改革开放：高职神速和今后 5 年高职：阳光任重”三方面情况的基础上，重点强调：“高等职业教育就是担负培养更多能够掌握高新技术并能将科技成果转化为生产力和能将宏伟蓝图变为客观现实的高技能技术人才和专业人才重要使命的高等教育”“现在已经有不少本科院校甚至重点大学的领导专家参与高等职业教育的研究甚至管理，也有不少科学家、发明家和院士积极加入到高等职业教育的行列中来了”“时任国务院总理温家宝同志在 2005 年视察深圳职业技术学院时指出：‘要能掌握高新技术，这就需要培养高技能的技术人才。这种人才现在是最缺乏的，而且是工业化进程中不可缺少的’。2005 年 5 月 26 日，时任教育部部长周济同志在视察昆明冶金高等专科学校时的讲话中指出：‘我们国家的高等职业教育实际上是一个创新教育’”“突出教学过程的开放性——将企业、行业和社会的资源引入学校，将学校的教育过程搬进社会。做到与企业的深度融合：既是大学，又像企业；既是教授，又像师傅；既是学生，又像员工；既是教室，又像车间；既是作品，又像产品”“从培养一般的银领人才向培养创新型的银领人才的转变”“提升院校长观念创新的文化自觉能力”“重在办学理念的创新、体制机制的创新”“没有一流的职业教育，就没有一流的国家实力。职业教育是一个国家发展的‘万能钥匙’，可以打开几乎所有的社会难开之‘门’”“要按照高职教育独特办学的规律和办学特色，精心打造适合自己的特色品牌：以德立人，以用立业，以特立校；不求全，但求特；不求大，但求精，不求人有我也有，但求人有我更优”“加快高职发展的十大措施：一是力求规模经营；二是强化‘双师’队伍；三是按照规律办学；四是加强就业指导；五是争取招生政策；六是加强校企合作；七是加强校长培育；八是推动集团办学；九是推行创新教育；十是推进国际合作”等。

2009 年 10 月 28 日（丽江），在“云南省高职教育研究会 2009 年学术年会暨庆祝建国六十周年表彰大会”上，夏昌祥理事长做了题为“按照‘有特色、高水平’目标推动云南高职更好发展”的工作报告，并开展了全省高职院校的表彰活动。

2010年11月16日（临沧），在“云南省高职研究会2010年学术年会”上，夏昌祥理事长做了题为“把握拐点新机遇，争取高职新突破”的主题报告等。

9. 通过牵头川大云南校友会来传播双创教育理念

（1）2006年8月19日成立三校合并后的川大云南校友会理事会。川大云南校友会成立于2002年，随着母校两次强强联合，新的川大悠远的历史和深厚的底蕴焕发了蓬勃生机。在母校大发展的感召下，2006年年初，原会长和部分副会长商议，决定成立包括三所学校校友在内的新一届校友会。在四川大学校友会的指导帮助下，通过原副会长夏昌祥等校友的积极努力，校友会筹备组20多名校友多次磋商，在四川大学在滇校友的共同努力下，2006年8月19日，新一届川大云南校友会在昆明冶专召开了成立大会。川大校友会副主任周密出席了成立大会，来自云南全省各地、各行业，包括原川大、原成都科技大学、原华西医科大学三校的在滇校友代表200余人参加了大会。大会选举产生了新一届川大云南校友会2名名誉会长，1名会长，12名副会长和秘书长、副秘书长。秘书处设在昆明冶金高等专科学校。

名誉会长：陈智（云南冶金集团总公司董事长、党委书记）、和段祺（云南省发展与改革委员会主任）。

会　　长：夏昌祥（昆明冶专校长、党委副书记）。

副 会 长（按姓氏笔画排列）：王洪江（云南冶金集团总公司副总经理）、王建兴（昆明理工大教授）、牛华（云南省儿童医院）、向泽江（澜沧江水电开发公司副总经理/副厅级）、刘智宏（云南电网公司副总经理）、陈明强（云南交通厅东部公司办主任）、郑强（北京用友软件昆明公司）、宫爱玲（昆明理工大理学院院长）、徐晓曦（电网公司工程部副主任）、曹世惠（云南省水利水电勘测设计院党委书记）、蔡绍宽（国家昆明勘测设计院院长）、谭红翔（昆明冶专校长助理）。

秘书长（秘书处设在昆明冶专）：谭红翔（兼），**副秘书长**（按姓氏笔画排列）：王京（天台律师事务所律师）、宁莉（云南电视台制片人）、杨清（昆明勘测设计院）、黄海燕（纵横时代广告公司总经理助理）。

2009年调整后的川大云南校友会理事会任职情况如下。

名誉会长：和段祺（云南省副省长）、陈智（云南冶金集团总公司董事长、党委书记）、纳杰（云南省建工集团董事长、党委书记）。

会　　长：夏昌祥（昆明冶专校长、党委副书记）。

副 会 长（按姓氏笔画排列）：王洪江（云南冶金集团总公司副总经理）、王建兴（昆明理工大学教授）、牛华（云南省儿童医院）、田新（云南省化工建设工程质量监督站总工程师）、宁莉（云南电视台制片人）、向泽江（澜沧江水电开发公司副总经理/副厅级）、杨湛（昆明医学院附一院副院长）、陈明强（云南交通厅东部公司办主任）、郑强（北京用友软件昆明公司）、宫爱玲（昆明理工大学理学院院长）、徐晓曦（电网公司工程部副主任）、曹世惠（云南省水利水电勘测设计院党委书记）、蔡绍宽（国家昆明勘测设计院院长）、张华（云南盐化股份公司总经理）、颜家勇（中国水电十四局局长助理）、黄晓军（云南省社科院哲学所书记）、周游（华电云南怒江公司党委书记）、梅研（云南省一院副院长、博士）、任梵（云南橡胶研究所所长）、谭红翔（昆明冶专校长助理）。

秘书长（秘书处设在昆明冶专）：谭红翔（兼），**副秘书长**（按姓氏笔画排列）：王京（天台律师事务所律师）、杨清（昆明勘测设计院）、黄海燕（纵横时代广告公司总经理助理）、税艳青（昆明医学院附属第一医院）、殷家莹（昆明高新正信会计师事务所主任）、孟丽涛（昆明冶专学报副主编）、杨元红（中国水电十四局副总工程师）、曾家其（云南盐化公司副总工程师）、字继权（中国水电十四局副总工程师）、樊咏雪（云大图书馆副馆长）、李沁（云南投融资公司副总经理）、郭凯（昆明克林轻工机械公司总经理）、罗康碧（昆明理工大化工学院教授）、史大造（云南瑞阳律师事务所）、殷家莹（昆明高新正信会计师事务所主任）、张应虎（云天化集团国际化工部部长）、江凌（云天化集团天安公司党委书记）。

（2）川大云南校友会活动情况。

1）举行祝贺川大建校110周年暨新一届川大云南校友会联谊和筹备会。时间：2006年8月19日上午10：00。地点：昆明冶专学术报告厅。主持：王建兴教授。议程：议程一、主持人介绍出席会议在主席台就座的嘉宾，议程二、请校友会秘书处所在单位昆明冶专党委书记李永康副教授致欢迎辞，议程三、川大对外联络办周密主任讲话，议程四、老校友邵启东讲话，议程五、新一届四川大学云南校友会筹备组组长夏昌祥讲话，议程六、宣读《四川大学云南校友会章程（征求意见稿）》，议程七、通过《四川大学云南校友会章程》，议程八、宣读川大云南校友会理事会建议名单，议程九、通过川大云南校友会理事会名单，议程十、新当选川大云南校友会理事会会长夏昌祥讲话（主席台就座领导及校友名单：周密、李永康、夏昌祥、王洪江、王建兴、牛华、杨湛、陈明强、邵启东），会议结束后校友合影留念。

2）总体上重点推进四方面活动。一是推进校友会重组，实现三校资源整合；二是加强校友会建设，帮助校友联络发展；三是组织校友会活动，满足校友各种需求；四是发挥校友会作用，推动母校拓展云南。其中穿插推广双创理念。

3）具体上努力做好三方面工作。一是充分利用会长单位昆明冶专的资源优势，建立了川大云南校友会网站，为校友间的联系搭建快捷、方便的沟通平台。校友会网站设立了校友论坛、校友活动、校友相集、校友风采、母校回忆、母校新闻等多个版块。二是充分发挥桥梁作用，为校友间的联系与合作搭建平台，使校友的事业及所在单位工作得到了较好发展。三是组织有关校友开展活动，介绍母校发展情况，参加母校活动，为母校在滇开展校企合作等工作提供帮助，如四川大学与云天化有限责任公司校企合作等。

（三）奋力推进牵头冶专的双创教育

火车跑得快，全靠车头带。要求其他院校做到的，牵头的昆明冶专必须首先做到。这样，势必冶专总动员，全校齐创新。学校也因此获得更大发展。

1. 1998~2004年期间冶专实施的双创活动剪影

1998年，昆明冶专作为全国高职院校中最早开展双创教育的高校，在当时主持工作副校长夏昌祥的推动下，从1998年就开始推进创新工作，当年就提出了推动昆明冶专快速发展的“五子登科”创新做法。

1999年，学校就向全校教职工发出了“全校进行二次创业”的号召，要求全校教职工务必努力工作，艰苦创业。

2000年，资源工程和冶金工程两个专业“双定生”改革创新试点首告成功（两个班共招学生90人）；当年答应云南省发改委领导希望学校在全省高校率先开展后勤社会化改革创新并自筹资金建设学生公寓的要求（发改委拨款200万专项资金），及时与交通银行签订贷款900万的协议并用于13000平方米学生公寓建设（到后期所缺建设资金难以筹集时还是在全校教职工中集资支持下才度过的）。

2001年，在《学校党委2001年工作要点》和《学校2001年工作实施要点》中就明确强调全校教职工要“紧紧围绕创建国家示范性高职院校这个目标，抓住机遇，更新观念，大胆改革，锐意进取，顽强拼搏，勇于创新”（当年评为全国16所国家示范性高职院校之一；电气工程及自动化和环境工程两个专业列为国家教学改革试点专业）；当年学校把“倡导创新，大力弘扬‘四创校训’”作为学校各部门的主要职责之一。

2002年，夏昌祥出版了《创新感悟》专著和《现代企业管理》高职教材（编写第十章　现代企业创新与新产品开发）；在全国高职院校首先聘请中国测绘界泰斗宁津生院士作为学校顾问，还请宁院士为学校师生做了“数字地球”的学术报告；当年学校受教育部高教司委托，成功承办了“首届全国高职高专教育创新院（校）长论坛”，高教司朱传礼老司长、宁津生院士、中国冶金教育学会崔宝璐会长、中国高教学会公关研究会李健荣会长以及北京联大党委副书记韩宪洲、华中师大金叶信息技术学院副院长石大月、新疆农职院党委书记李玉鸿、西南交大峨嵋分校副校长任平弟、昆明大学副校长张明清等院校领导就如何实施教育创新这个主题进行了精彩的交流，天大职教学院副书记翟慧莲、兰大高职学院院长倪广平、中国海洋大学高职学院副校长董效臣、西北工大金叶信息技术学院副院长张渤、云南财贸学院高职学院副院长卢正惠、昆明医学院高职学院副院长吴明明、云南红河学院副校长陈灿、四川机电职院党委书记曾大云、成都航空职院党委书记黄公略、贵州理工职院副院长吴惠廉、芜湖职院副院长朱永东、河南工校副校长张华等院校领导和相关部门人员以及昆明冶专党委书记李永康、副校长王资、党委副书记代祖良和学校相关部门人员共计50多人参加了会议；当年专门邀请李健荣会长为学校师生做了主题为“公关　创新　立业”的学术报告；当年也明确提出了学校办学坚持的三条方针之一就是：坚持着力培养高素质创新性应用人才的方针；当年再与云南省农业银行签订贷款一亿元的银校合作协议。

2003年，校长夏昌祥教授提出了全校开展创新教育的主要目的：一是构建创新型师资队伍；二是培养创新型高技能人才；三是努力建设创新型高校；四是为建设创新型国家服务。并于当年开设了创新教育选修课。当年校长夏昌祥教授还在题为《回顾过去　展望未来　满怀信心迎接高职办学更大层面的挑战——在昆明冶金高等专科学校答四届教职工代表大会一次会议上的工作报告》中，就“四、学校过去四年工作的主要做法和体会”，强调“短短四年，我校之所以能够取得如此变化和成效，主要在于我们这几年紧紧围绕‘观念、机遇、改革、创新、队伍、基础、管理、市场、特色、文化’十个方面做文章”等，“（一）不断更新观念　逐步确立了与发展相适应的竞争观念……创新观念”“（四）不断尝试创新　在市场竞争异常激烈的时代，尤其是在我国进入WTO的今天，创新对于任何一所学校来说都异常重要。我校这几年的快速发展，与我们始终坚持不断创新尝试有很大关系。几年来，我们尝试的重要创新有……”；当年作为云南省推荐的唯一代表参加全国高职院校评估并获评首批优秀高职院校（全国高职排名第六）。

2004 年，学校开始构建创新型师资队伍；将创新教育课程《点燃创新之火—创造力开发读本》列为全校学生创新教育的选修课；将 3 月 24 日学校团委以昆冶高专团字〔2004〕4 号文件下发了《关于昆明冶金高等专科学校组织开展“红塔杯”首届大学生创业计划大赛的实施方案》，并于 11 月 30 日下发了昆冶高专团字〔2004〕18 号文件《关于表彰昆明冶金高等专科学校首届大学生创业计划竞赛获奖者的决定》并强调“其间，校团委通过讲座、培训、印发资料等形式积极组织有兴趣的同学，从创业计划竞赛的产生、创业方案的准备步骤、创业计划书的写作、创业团队的组建等多方面进行学习。本次比赛共征集到创业形式多样、内容丰富、思路开阔、深具潜能的创业计划书 32 份，经过初评，最终评出一等奖 2 名、二等奖 4 名、三等奖 8 名、优秀奖 18 名；优秀创业团队 2 支；3 个系部获优秀组织奖。在我校推荐到团省委参加‘红塔杯’云南省首届大学生创业计划大赛的 9 件作品中，有 2 件获铜奖，2 件获优秀奖”“我们深信在今后的创业计划竞赛中，我校同学会逐渐将‘创新、创效、创业、创造’的‘四创’校训落到实处，同学们的创业思路、创业精神与创业理念会向另一个辉煌迈进。同时希望我校具有创业精神的热血青年能够更成熟的把创业计划投入到实践中去”。

2005 年 3 月 28 日，校团委下发了《关于开展我校第五届大学生课外学术科技作品竞赛的通知》。其中强调“本次大学生课外学术科技作品竞赛是今年学校实施‘创新工程’的一项重要内容，也是为培养我校大学生创新能力和动手能力搭建的一个重要平台”。

2. 2005~2012 年期间牵头冶专取得的双创成果

2005 年至 2012 年期间，昆明冶专在推动全国高职院校双创活动取得良好成绩的基础上，也通过双创在全校各个方面的全面融合得到飞速发展。

（1）昆明冶专率先实现了跨越发展。截至 2012 年底，在校学生达到 15000 人，1000 名教职工中，专任教师 700 人，正副教授 350 人（其中教授 64 人、二级教授 2 人、三级教授 15 人），教师主编全国高职教材 200 多门，拥有国家级规划教材 30 多门，高职专业 70 多个，其中国家精品专业 1 个、国家级教改试点专业 3 个、国家级精品课程国家 4 门、国家级优秀教学团队 2 个。2005 年以来，学校先后荣获全国职业教育先进单位（2005）、首届“中国职业教育杰出校长”院校（2005）、全国大学生心理健康教育先进单位（2006）、首届全国黄炎培职业教育优秀学校（2007）、国家“高职 211”—国家重点建设示范性高职院校（2008）、全国精神文明建设先进单位（2008）、全国职业教育管理创新学校（2009）、全国冶金高等职业教育先进院校（2009）、全国普通高校就业工作先进集体（2010）等。

（2）昆明冶专率先争取成为了一批重要基地。全国高职高专创新教育重点基地、中国发明协会“创新教育重点基地”、全国高校公关昆明培训基地、中国创造学会“创造教育实验基地”、云南省知识产权教育示范院校。

（3）昆明冶专五大方面处于全国同类院校领先地位。形成了五大全国高职领先优势：一是培养冶金技术人才的全国高职领先优势；二是培养测绘技术人才的全国高职领先优势；三是开展创新创造活动的全国高职领先优势；四是开展心理健康教育的全国高职领先优势；五是推进东盟国际合作的全国高职领先优势。

（4）昆明冶专多个创新方面在全国高职院校中领先。一是率先系统开展和全国推广创新创业教育（1998 年）；二是率先提出“出口畅，进口旺”理念（1999）；三是率先成立学校正处级“招生就业处”（2000 年）；四是率先提出“系部（二级学院）教学工作评价标准”并成功实施（2000 年）；五是率先成为全国独立建制高职院校中的 16 所之一的国家重点建设示范高职院校（2001）；六是率先全面研究和系统开展高职院校人文素质教育（2001）；七是首创的“双定生”高技能人才培养模式成为教育部向全国高职院校推荐的 9 种之一的高职人才培养模式（2002）；八是牵头组建“全国高职高专创新工作委员会”并率先成为理事长单位（2003）；九是首批成为全国 8 所之一的全国优秀高职院校（2003，排名第六）；十是首批成为“中国职业教育杰出校长”获奖单位（2004）；十一是成为首批全国黄炎培职业教育先进单位（2004）；十二是率先牵头促成并承办“首届全国高职高专‘大学生’创新大赛”（2005）；十三是成为首届“全国高职高专测量专业教学指导委员会”主任委员单位（2005）；十四是首批成为“全国高职高专校长联席会”50 个之一的成员单位（2005）；十五是首批成为“全国实施职业资格证书国家级试点院校”（2005）；十六是率先评为全国优秀高等教育研究机构（2016 昆明冶专高等职业教育研究所）；十七是成为首届“全国冶金有色专业教学指导委员会”主任委员单位；十八是率先设立“总会计师”职位等。

3. 2005~2012 年期间牵头冶专开展的双创教育

昆明冶专作为全国高职创新工委的牵头院校，2005~2012 年期间，标志性的学校双创活动，就是 2005 年 12 月 9 日学校下发了《昆明冶金高等专科学校“创新工程”实施意见》（昆冶高专校发〔2005〕51 号）。学校专门成立“学校创新工程领导小组”，同时专门设立“创新工程办公室”，在人文与社会科学部设置“创新教研室”，负责全校创新教育的组织实施，将创新教育课程（2 个学分）列入必修课程，分专题进行教学。至此，学校形成了“以理念创新为先导、以思路创新为基础、以市场创新为目标、以机制创新为重点、以模式创新为核心、以就业创新为关键”的创新教育体系和昆明冶专创新文化氛围及机制，其毕业生赢得了“做人诚、守信用，做事实、能吃苦，有闯劲、敢创新”的行业认同。其双创活动情况主要体现在以下两个方面：

（1）形成了以培养大学生闯劲为主旨的“六环联动”双创活动特色。2011 年 5 月 6 日，学校下发《关于深入开展“创新创业工程”进一步加强大学生创新创业工作的意见》（校发〔2011〕20 号）文件，规定学校今后主要通过“昆明冶专六环联动创新创业工作机制”来深入开展“创新创业工程”，进一步加强大学生双创教育工作。文件不仅对今后学校双创教育的工作制定了方针，还在学校 2005 年出台《昆明冶金高等专科学校“创新工程”实施意见》的基础上，将“创新工程”提升为“创新创业工程”，并对组织机构进行了调整，并规定学校每年专项拨款 100 万元设立“昆明冶专大学生国内创新创业活动基金”，用于大学生双创活动。至此，学校为全校大学生双创教育及活动的开展提供了制度、机构及经费的全面保障。其大体情况为：

1）环节一，通过营造创新氛围增强学生创新信心。主要采取以下三方面措施：

①全面推进创新文化。2005 年 9 月 19 日，举办了以“点燃创新之火”为主题的“昆

明冶金高等专科学校2005年全校教职工创新培训讲座”，邀请中国著名发明家、中国发明协会高校创造分会会长张开逊教授做了精彩的讲座；2006年5月7日，以上联“建示范　创品牌　喜展昆明冶专风采”、下联“抓机遇　育英才　笑绘优秀学校未来”和以“建设创新型院校　培养创新型人才　以创新的精神推动学校改革发展”为横批，举办了上千人参加的、声势浩大的“昆明冶金高等专科学校2006年全校教职工创新培训讲座”，特别邀请中国创新教育资深专家、学校顾问、全国高职创新工委顾问鲁克成教授做了题为“培养创新人才　建设创新型国家”的专题讲座。2011年11月21日学会邀请知名创造学专家东北大学罗玲玲教授在昆明冶专303报告厅做了题为“世界创新趋势与创造性人才培养”的专题讲座等。

在“十好学生”评比中设计了最高等次的“创新好”，在对学生的“四个能力”规定中提出了要培养“创新应用能力”的要求，在学校设计的六个成才目标中专门设计了成为“企业未来的技术发明家”的目标，对教师、班主任和辅导员提出了努力成为“创新型”教师、“创新型”班主任和“创新型”辅导员的要求，在提出的学校“十二五”“两型六化”发展目标中专门设计了“创新型”高校的目标，在学校安宁校区的不到20条道路的命名中就命名了6条“四创”的道路，即创新路、创新南路、创新北路、创效路、创业路和创造路。

学校通过努力创建“创新型”高校活动，让全校师生逐步懂得建设“创新型”高校的主要内涵：就是要在办学理念上更加强调创新是学校快速发展的灵魂和核心竞争力；就是要在人才培养上更加注重培养具有创新精神和创新能力的创新型人才；就是要在教学改革上大力推进创新教育和创业教育，使学生在校期间就能参加创新和创业活动；就是要在社会服务上更加重视参与国家和区域企业的技术创新活动；就是要在学校管理上更加重视制度创新、体制创新和机制创新；就是要在校园文化上更加注重创新文化建设，崇尚鼓励创新、宽容失败、敢为天下先。

②切实加强组织建设。2004年率先牵头成立了中国发明协会高校创造分会全国高职高专创新工作委员会；同年出来了昆明冶专创新工作领导小组，同时出来学校创新工作办公室（设在校团委，由校团委书记担任主任，校团委副书记担任副主任）；2005年成立了昆明冶专大学生创新协会；2006年成立了创新教研室；2008年牵头成立了云南省创新创造学会；2010年成立了“学校创新创业中心”，同年牵头成立了中国高职研究会创新创造工作委员会，2011年3月又在全国高职院校中率先成立了创新学院。

③大力推进“创新工程”。2005年学校就出台了《昆明冶金高等专科学校“创新工程”实施意见》，主要是在人文素质教育工作的基础上，同时在校级领导、院处领导、教师和学生四个层面立体化开展创新教育，推进学校的思想观念创新、办学理念创新、培养模式创新、教育教学创新、管理机制创新和学生就业创新，进一步提高领导干部的创造性工作能力、教师的“双师”素质、学生的综合素质、教育教学的工作质量和高职办学的效率效益，全方位增强学生的敢闯善闯能力、就业竞争能力、社会适应能力、职业迁移能力和创新应用能力。并把创新作为培养学生的最高目标和作为校级领导、院处领导、教师和学生四个层面人员的一票否决条件。

2）环节二，通过推进创新教育强化学生创新意识。高度注重学生创新意识和创新能力的培养，大力开展创新教育。

①开设创新教育课程。不仅在全国高职高专院校中率先全面开设“创造力开发”必修课程，还开设了“实用创新思维”、科技发展史等课程。2009 年 12 月，学校将校级精品课程“创新教育”更名为“创造力开发”课程。2010 年 5 月，创造力开发课程评为教育部教指委精品课程。

②自编创新教育教材。学校教师主编多本创新专著与教材。主要以夏昌祥校长为主编写了专著《创新感悟》《点燃创新之火——创造力开发读本》《现代企业管理》《实用创新思维》《“双定生”高技能人才培养模式的创新探索》和《快乐的大学生发明家》等读物。

③开展创新教育研究。承担的省部级课题有：一是科技部委托中国发明协会的课题，“民间发明创新案例研究”子课题“大学生发明创新案例集锦”组长单位；二是科技部委托云南省科技厅的课题，“云南省重点产业发展创新方法研究与服务公共平台建设项目”课题第二承担单位；三是独立承担的云南省教育厅课题，“高职高专院校实施创新教育的目标、途径、方法与评估的研究”等。

④多出创新教育成果。《创新感悟》被评为“中国创造学会创造成果奖”；《点燃创新之火——创造力开发读本》被列为教育部“十一五”国家级规划教材，被评为省优教材，“中国创造学会创造成果奖”；《实用创新思维》被列为全国高职高专“十一五”规划教材和云南省“十二五”规划教材，还被科技部创新方法培训班选用为培训教材；《现代企业管理》被列为“十一五”国家级规划教材，全国冶金优秀教材二等奖、云南省高等教育优秀教材奖、“中国创造学会创造成果奖”；《创造力开发》课程被教育部文化教指委评为精品课程；《现代企业管理》课程被教育部确定为国家级精品课程，其课程建设被评为云南省教育科研成果一等奖。教师获得“中国创造学会创造成果奖”6 项、“中国发明协会国际发明展览”1 金 3 银 2 铜、“中国发明协会十八届发明展览”1 金 1 银，夏昌祥校长荣膺第九届时代中国十大创新人物。学校荣获中国创造教育杰出贡献奖、2008 年中国创造学会创造学研究优秀组织奖、2009 年全国职业教育管理创新学校、2010 中国教育创新示范单位等荣誉。

3）环节三，通过促进学好专业提高学生创新技能。培养创新型教师，改革课程设置，优化教学环节。学校针对创新教育师资建设，聘请了国内创新教育领域的专家来校培训，经考核合格的教师方可承担教学任务。将“创新教育”课程列入必修课程，分专题进行教学。该门课程 40 个学时，2 个学分，其中 30 个学时为理论教学课，10 个学时为实践课，主要利用专题讲座和参加课外实践操作、训练活动等形式激发学生的创新思维，树立学生创新的自信心，培养广大学生的实际动手能力，受到学生的广泛欢迎。

4）环节四，通过推动创新实践多出学生创新成果。通过“每日一想，每月一创，每年一发明”的“发明杯”创新大赛、“大学生创新协会”等多种途径和载体，使创新教育取得了较好效果。师生们开始频频获得专利。作品在各类大赛中频频获奖，在全国高职院校内产生了极大的影响。学生取得 1~5 届全国高职高专“发明杯”大学生创新大赛 19 个金奖和 31 个银奖及铜奖 63 个。

5）环节五，通过鼓励申报专利帮助学生创新创业。

①开展“知识产权宣传周”活动。每年 4 月 20~26 日学校与云南省知识产权局同步开展“知识产权宣传周”活动，主要内容有“《国家知识产权战略纲要》解读”专题讲座、“知识产权与大学生创新能力培养”专题讲座、“大学生专利申报指导”专题讲座、

大学生创新论坛、师生发明创新现场交流会、主题班会、读书征文竞赛、硬笔书法竞赛、学校“发明杯”大学生创新创业大赛。通过宣传周的活动有效激发起广大师生学习知识产权法律知识的热潮，营造出普及知识产权的氛围，增强了保护知识产权的意识，提高了运用知识产权的能力。唤发起广大师生参加发明创新活动和申报取得发明专利热情。

②鼓励学生申报专利。学校通过双创教学并每年拿出 100 万鼓励学生发明创新、申报专利和创新创业，同时制定相应的鼓励申报专利的管理规定。近 3 年学生每年平均申报成功专利 30 项左右。

③鼓励学生应用专利进行创业。学校师生取得发明创新专利 10 余项。我校测计学院地信专业 F0503 班的班长陈世宜同学大一仅 20 岁就获得专利的感人故事充满传奇色彩，他的专利已经为社会创造了 2000 多万的价值，并以《在帮助父亲减轻劳动强度中 20 岁获专利》为题荣幸载入《快乐的大学生发明家》一书的首个案例。他表示毕业后直接使用专利进行自主创业。

6）环节六，通过主动服务社会展示学生创新风采。

①全方位开展创新系列活动。检验创新教育成果，努力形成创新长效机制。学校将创新教育融入新生入学教育、专业课程教育、课外活动等方面。成立了“大学生创新协会”，每年定期开展“知识产权宣传周”“‘发明杯’大学生创新创业大赛”“大学生创新论坛”“师生发明创新现场交流会”“知识产权与创新能力培养专题讲座”“全校发明创新成果评比表彰”等活动，将第二课堂“一课化”。同时将科技创新活动教师指导工作纳入学校课程建设体系，给予指导教师一定的工作量，将学生创新活动项目化，设立专项学生创新基金，按照科研项目的管理模式，通过申报、评审、资助，对活动以项目的形式进行管理，使工作方式由“活动主导”向“项目主导”转变，成果形式为论文、软件设计、发明制作实物、创意设计等。创新项目成果通过“挑战杯”“发明杯”“创新杯”等系列赛事进行检验，学生在从实践教育中获得知识、荣誉的同时，还获得了探究知识的方法和能力，创造的乐趣和成就感。

②充分发挥国家示范性高职院校带头辐射作用。首届理事会期间，学校通过作为中国发明协会高校创造教育分会全国高职高专创新工作委员会首任理事长单位、成为中国创造学会唯一的高职院校副理事长单位、中国发明协会高校创造分会副理事长单位、中国高职研究会副理事长和创新创造工作委员会首任主任委员单位、云南省创新创造学会首任理事长单位、（中国）创新方法研究会理事单位等平台，充分发挥国家示范性高职院校在双创教育方面的带头辐射作用，对全国各高职院校开展“创新型”人才培养做出了突出贡献。

（2）学校长期坚持“六大创新”发展推动机制。就是 2005 年时任教育部周济部长视察昆明冶专并充分肯定学校提出的推动学校发展的“六大创新”，即理念创新、模式创新、就业创新、机制创新、市场创新和思路创新（以后又有新的发展）。

4.《中国青年报》对昆明冶专开展双创教育的典型报道

2011 年 3 月 18 日，《中国青年报》在“国家示范性高等职业院校社会展示”栏目下，以《创新素质教育　推进文化育人——昆明冶专创新高职办学理念》为标题，对昆明冶专创新素质教育（包括开展双创教育）进行了典型报道，其全文如下：

创办高职教育需要一种情怀，一种与时俱进的创新精神。昆明冶金高等专科学校（以下简称昆明冶专）经过总结多年的办学经验，始终坚持把立德树人作为学校的根本任务，育人为本，德育为先，把育人作为学校一切工作的出发点和落脚点，探索形成一条拥有自身特色的办学道路。在加强专业建设的同时，坚持突出学校的文化特色，近几年，学校开展了以“三生”教育为基础、以创新教育为中心、以心理健康教育为重点的人文素质教育，形成了高职教育的一道风景。昆明冶专在创新素质教育中推进文化育人的主要创新实践有：

一、着力构建素质教育体系

学校专门成立创新学院和素质拓展部（合署办公），下设五个中心：创新创业中心、“三生”教育中心、心理健康中心、人文素质教育中心和语言文字管理中心。各个中心分别设置了相应的教研室。

学校全面推行“一一二二三三四四”的以生为本高职办学理念。“一一”：努力做到“强化一个意识”和“实现一个转变”，即强化“管理就是服务”的意识，实现把学生作为主要的管理对象向作为主要的服务对象的转变；“二二”：努力做到“两以”和“两为”，即“以学生为主体，以教师为主导”“以生为本，尊重为先”；“三三”：努力做到“三个一切”和“三个一定要”，即“一切为了学生，为了一切学生，为了学生的一切”“一定要善待学生，一定要像爱护自己的眼睛一样爱护学生，一定要像教育自己的子女一样教育学生”；“四四”：努力做到“四励”和“四心”，即对待学生要“多鼓励、多勉励、多激励、多奖励”，培养人才要“用心培育、真心陶冶、精心打造、潜心包装”，最大限度地为学生提供个性化服务，满腔热情地帮助其成为高技能人才。

推动“以生为本”的理念。建立规范的育人体系：以学校文件形式向学生提出“德智体美劳、能文书口创”的十个方面综合要求、“三个三、四个四”的基本要求和“654321”的总体要求。制定了学生综合测评、优秀三好（五好、八好、十好）学生评比、优秀（模范、杰出）学生干部评比和奖学金评定融为一体的“学生综合考评奖励办法”；制定了人性化的“学生违纪处理办法”；制定了“班主任工作综合管理办法”和“专职辅导员（就业指导员）工作管理办法”，构建了大学生帮优助困等一系列育人体系。

坚持育人理念的宣讲培训：校长在师生中多次以“献爱心给学生，送人才予社会”“坚持以生为本，全面推动大学生思想政治教育上新台阶”“干好良心活计，提高‘双师’素质”“不断提高创新型班主任素质，大力培养创新型高技能人才”“围绕中心抓党建抓好党建为育人”“团学干部应当率先成为成人成才的典范”等为主题做宣讲报告。

有效推进和开展“十大工程”：通过全面开展“云岭先锋工程”“人才强校工程”“人文素质教育工程”“细胞工程”“爱心工程”“暖心工程”“用心工程”“创新工程”“强化技能工程”和“精品工程”，不断推动学生“自我教育、自我管理、自我服务、自我约束”活动的深入开展。

二、系统开展“人文素质教育工程”

学校大力倡导与时俱进的育人理念，由只注重技能训练的传统教育，转向对学生的全面发展教育。全面实施人文素质教育与人文学科建设相结合、人文素质教育与人才培养模式的改革相结合、人文素质教育与德育工程相结合、学校引导与学生主动参与相结合的“人文素质教育工程”，努力完成六项任务：（一）将人文素质教育贯穿于教学活动全过程。（二）建立跨越多学科的大学生人文素质课程群。（三）落实高职院校人文素质教育的三种基本功能——合作能力、听说读写能力、人际交往能力。（四）努力提高大学校园的文化品位与格调。（五）设置人文素质教育实训基地。（六）建立科学适用的教学质量评估指标体系，把人文素质纳入大学生的考核体系，对人文素质教育工作过程及其效果进行科学评价和监控，保证该项工作的健康发展。

三、通过“创新创业工程”提升学生勇闯社会的适应能力

夏昌祥校长提出：在目前状态下，加速建设创新型国家并不缺乏宏伟蓝图或科技成果，而是缺乏大量既具有较强的实践能力，又具有一定的创新精神，还具有良好的职业道德和强烈的社会责任感，并能够把宏伟蓝图或科技成果转化为现实生产力且能“下得去、用得上、留得住、上手快”的创新型高技能人才；缺乏普及化的高职创新教育！

学校干部职工经过讨论，明确依靠高职创新教育促进学生素质和能力的增长，采取主要措施有：（一）宣传开道。通过广泛宣传，让师生明确开展创新教育的重要意义，自觉地投入到这一教育活动中。（二）理念入手。整体创新教育要从理念入手，使全校上下共同确定创新理念和创业理念，只有达成了共识，才能有效开展创新教育。（三）制度保证。通过列入教学计划，加入学生考评内容，制定相应激励办法等规定来保证制度得以实施。（四）活动支撑。除列入教学外，还通过开展一系列创新活动，让大学生们展示其创新能力，不断创出新成果，更好地帮助大学生提高创新兴趣，保持创新热情，强化创新意识，增强创新能力。（五）师生同行。教师若没有创新意识和创新技能，就不可能教授和引导学生创新。因此，创新教育活动需教职员工与大学生同步开展，这样，更有利于“教书育人，管理育人，服务育人，环境育人和活动育人”的有效落实。（六）重新构建培养体系。要把创新要求列入对学生的考核要求中，学校针对现在素质教育中存在的严重缺陷，重新构建了人才培养体系，即把原来开展的“三好”评比，变成了开展“三好”“五好”“八好”“十好”的评比，并把创新能力作为最高要求列入其中，促使更多的大学生最终成为社会抢手的高技能人才。（七）建设创新创业实践基地，包括创新创业实验室、创新技法训练室、专利申报指导室、成果展览室、资料室等，为学生提供可进行模拟创业建立虚拟公司的场所以及创新成果孵化基地。目前使用的创新教育课教材为校长夏昌祥教授、客座教授鲁克成主编的《点燃创新之火—创造力开发读本》和《实用创新思维》。《点燃创新之火—创造力开发读本》于2006年8月，被教育部列为高校“国家十一五规划教材”，同时被中国创造学会授予“创造成果奖”，《实用创新思维》被列为全国高职高专教育“十一五”规划教材。

经过全校师生的不懈努力，学校创新教育成绩显著。现如今昆明冶专担任了中国创造学会副理事长单位、中国发明协会高校创造分会副理事长单位和全国高职高专创新工作委员会理事长单位、中国高等职业技术教育研究会创新创造工作委员会主任委员单位及云南省创新创造协会理事长单位。其中，中国发明协会高校创造教育分会全国高职高专创新工作委员会及云南省创新创造学会由昆明冶专发起成立，云南省创新创造学会现有成员单位50余家，来自全省的本科及专科院校和国有大型企业。昆明冶专在全国范围内发起并承

办了1~5届“全国高职高专‘发明杯’大学生创新创业大赛”、1~4期“全国高职高专创新教育师资培训班”“全国高职高专创新高职院校长论坛”“提高自主创新能力、建设创新型国家——国际学术研讨会”等活动，为高职院校培养更多创新型高技能人才提供了非常重要的发展平台。

师生发明创新也取得了重要成果：2010年8月13日，全国高职发明创新集体、个人表彰大会上，昆明冶专荣获团体总分第一名院校“发明杯”，并被授予“全国高职创新教育杰出贡献院校”“最佳组织奖”；同时，昆明冶专参赛作品共取得金奖8项，银奖8项，铜奖32项，并摘得个人发明创意类“发明杯”和发明制作类“发明杯”。

四、通过“三幸工程”推进心理健康教育

学校注重大学生心理健康教育，提出“上好幸福课程，做好幸福工作，提升幸福指数的实效，尽量避免高技能人才带病上岗”“让心理健康教育课程成为帮助学生心理阳光的幸福课程，让心理健康教育工作做成能增加学生幸福指数的幸福工作”。学校全面开展心理健康教育工作，通过宣传教育及普及心理知识，每年“5·25”学校都开展讲座、咨询、电影赏析等心理健康宣传活动，帮助更多大学生认识心理健康的应用意义，通过课堂教学传授心理技能，帮助更多大学生增强排解压力的能力，通过咨询辅导调整学生心态，帮助更多大学生提高处理困惑的应变技巧。塑造珍爱生命、关心集体、心理阳光、悦纳自己、不怕挫折、善待他人的优良品格。

推动实施“校长心系学生计划”：近十年来，校长除了把学生工作作为“一把手工程”外，还提出并实施了“校长心系学生计划”。即认真做好五个交流：在“新生开学典礼”上进行“开学寄语”交流、在“团学干部培训班”上进行“培训感言”交流、在“学生表彰大会”上进行“表彰祝词”交流、在“校长与毕业生恳谈会”上进行“直接解惑”交流和在“学生毕业典礼”上作“临别赠言”交流，对学生进行系统的教育培训和就业指导；努力推进“六个到位”：校长带领教职员工努力推进学生服务管理工作的体系、制度、机制、环境、资金和条件到位；切实抓好八个环节：切实抓好开学寄语、学干培训、约见沟通、接待疏导、网上交流、表彰鼓励、恳谈解疑和毕业赠言等八个环节。

加强基础设施建设：学校投入了300多万元资金，建设约2000多平方米的学校室内外心理素质提升训练基地。主要包括：情绪宣泄室（基础）、智能虚拟宣泄室、监控室、箱庭治疗室—团体沙盘、箱庭治疗室—个体沙盘、测量室、行为观察室、团体音乐放松室、接待室/图书室、心理素质拓展训练室、身心反馈训练室、音乐放松兼体感音波放松室、团体辅导训练室等并建成了室外心理素质拓展训练基地。心理素质训练基地建设在全国高校中处于领先地位。

学校心理健康教育也取得了很大成绩。近年来中心教师主持或参与完成了多个不同级别的课题；公开发表了学术论文20多篇；组织编写高等教育“十一五”规划教材《大学生心理健康实用教程》；2007年、2010年学校两次被中国心理卫生协会大学生心理咨询专业委员会授予“大学生心理健康教育工作先进单位”荣誉称号；2009年被云南省高等教育学会授予云南省高等教育先进集体荣誉称号；2009年中心两位教师被中国教育学会评选为年度心理健康教育工作“先进实验教师”；2010年一位教师被评为全国大学生心理健康教育先进个人；2010年学校被评为全国普通高校就业工作先进集体

和全国大学生心理健康教育先进单位。多篇论文、活动方案、课件等获得省级及以上荣誉称号。

如今学校按照《国家中长期教育改革和发展规划纲要》强调的“把促进学生健康成长作为学校一切工作的出发点和落脚点”及上级的总体要求，遵循“通过科学求真、运用人文求善、坚持艺术求美”的育人规律，践行“创新、创效、创业、创造”的“四创”校训，为建成“省内领先、国内一流、东盟地区知名”的全国一流示范“绿色高校”努力奋斗！

昆明冶金高等专科学校牵头组织1~5届全国高职院校“发明杯”大学生创新创业大赛和首届理事会活动照片见彩页3。

第六节　双创典型院校——成都航空职业技术学院

一、学校发展的基本情况（数据截至2018年5月11日）

成都航空职业技术学院是四川省教育厅直属公办全日制普通高等学校，是教育部首批批准成立的四川省第一所、全国首批国家示范性高等职业院校。原中共中央政治局常委、国务院副总理李岚清，时任国务院国务委员会委员陈至立，时任教育部部长周济，时任教育部副部长吴启迪、鲁昕等领导先后莅临学校视察，对学校工作给予了充分肯定。学校是黄炎培职业教育优秀学校、全国职业技术教育先进单位、四川省省级文明单位、教育部确定的西南地区唯一一所高等学校继续教育示范基地、四川省职教师资培训基地、四川省高技能人才培训基地。学校占地近900亩，建筑面积30多万平方米；固定资产总值约13亿元，其中教学仪器设备原值近2亿元；建有现代化的图书馆，可查阅近100万册资料。

学校现有全日制在校生1.1万余名；现设9个二级教学学院；共有招生专业32个，其中，国家示范院校重点专业6个，教育部“高等职业学校提升专业服务产业发展能力项目”重点专业4个，省级重点建设专业4个，学校特色专业10个。学校荣获国家级教学成果一等奖1项，职业教育国家级教育成果二等奖4项，国家发明四等奖1项，省部级科技进步二等奖1项，省部级以上教学研究成果20余项。学校拥有国家精品课程12门，国家精品资源共享课程10门，省级精品课程32门，省级精品资源共享课21门。主持建设完成1个，参与建设完成4个国家高职教育专业教学资源库。

现有教职工677名，其中包括：中共中央组织部“万人计划”教学名师1名，国家级教学名师2名，省级学术技术带头人1名，享受国务院政府特殊津贴专家8名，省级有突出贡献的专家1名，全国模范教师1名，全国优秀教师2名，省级教学名师5名，以及国家级教学团队2个，省级教学团队4个。

学校发起成立了“西南航空产教联盟”“成都汽车产教联盟”，与近500家企业建立了合作关系，建成校内外生产性实训基地140余个，每个专业都建立了5个以上校外实践基地与顶岗实习点。近年来，学校还选派教师近400人次赴国外及我国港台地区进修培训。2000年以来连续荣获“四川省普通高校毕业生就业工作先进单位”称号，毕业生一次性就业率每年始终保持在95%以上。

二、牵头组织二届理事会活动和7~12届全国高职双创大赛状况

中国发明协会高等职业院校发明创新分会第二届理事会工作报告

第二届理事会副理事长兼秘书长　武智慧

各位代表：

我受中国发明协会高等职业院校发明创新分会第二届理事会理事长、成都航空职业技术学院院长张蕴启教授的委托，向大会报告过去六年（2012~2017年）分会的工作，请审议。

一、六年来的工作回顾

中国发明协会高等职业院校发明创新分会，原名为中国发明协会全国高职高专创新工作委员会，最早隶属于中国发明协会下属二级协会中国发明协会高校创造分会。中国发明协会全国高职高专创新工作委员会第二届理事会于2012年10月产生，2014年经中国发明协会常务理事会讨论通过成为中国发明协会直属的二级协会。2017年5月，按照民政部对我国一级协会的管理要求，根据中国发明协会工作的实际需要，结合中国发明协会高职高专创新工作委员会的实际情况，经中国发明协会七届二次理事会研究决定，中国发明协会高职高专创新工作委员会更名为中国发明协会高职高专发明创新分会。同月，经请示四川省教育厅和国家教育部，并报请中国发明协会常务理事会审核通过，中国发明协会高职高专发明创新分会最终确定为中国发明协会高等职业院校发明创新分会。

六年来，中国发明协会高等职业院校发明创新分会第二届理事会，高举中国特色社会主义伟大旗帜，以邓小平理论、“三个代表”重要思想、科学发展观、习近平新时代中国特色社会主义思想为指导，深入贯彻党的十八大、十九大精神和《国务院关于大力推进大众创业万众创新若干政策措施的意见》（国发〔2015〕32号），坚持分会“推进大众创业万众创新，稳增长、扩就业、激发亿万群众智慧和创造力，加强创业导师队伍建设，提高创业服务水平”的工作目标。分会在中国发明协会的正确领导下，在理事会和广大会员单位和分会全体工作人员共同努力下，按照《章程》忠实履行分会职能，在实施创新教育，开展创新活动，进行创新研究，推广创新成果以及搞好创新宣传等方面做出了积极的努力。

六年来，第二届理事会主要做了以下几项工作：

（一）通过组织举办高职院校“发明杯”大学生创新创业大赛

高职院校“发明杯”大学生创新创业大赛是一个促进大学生创造意识和创新能力不断发展的展示、互动、交流的平台，是大学生展示学习成果、展现创新精神的舞台。组织开展全国高职院校“发明杯”大学生创新创业大赛是为了提升高职院校创新创业能力和水平、强化知识产权战略、增强知识产权意识与能力、使高职院校成为培养国家发明创新人才和未来实业家的摇篮。我们的初衷与国家的双创战略高度一致。经过多年的努力，我们基本达到了我们的目的！

大赛从2006年至今已经成功举办了12届，1~5届由昆明冶金高等专科学校承办，当时只有网评，第6届由山西省发明协会举办，第2届理事会承办了第7~12届。大赛共设有发明制作、创业、创意三大类赛项，每届均采用网评和终评相结合，每次终评都选择在不同的学校进行。

除每项都分别评选一定数量的一、二、三等奖外，还会评出优秀指导教师、组织工作先进个人和优秀组织学校奖，同时每年还会确定10个“创新发明教育基地”学校奖牌，第12届开始还在创新发明基地学校的基础上新增了“双创先进工作单位”奖牌。大赛在每年初开始筹备并在“中国发明协会网”和“全国高职高专创新创业网”等网站上进行公布，8月份提交作品，9月份开始网评，10月份现场决赛。具体时间会根据承办决赛的学校所在地理位置商议确定。

每届大赛有全国20多个省、自治区、直辖市的近100所高职高专院校的上千件作品参赛。网评后根据承办终评阶段学校的具体条件，甄选出部分作品进入终评决赛。初评阶段由大赛组委会秘书处单位—分会理事长单位成都航空职业技术学院负责，终评阶段由大赛组委会秘书处单位和承办终评学校共同负责完成。

本届理事会承办的6届发明杯大赛，分别在四川成都、四川遂宁、江苏南京、山东济宁、江苏徐州和河南许昌的6所高等职业院校举行。他们是成都航空职业技术学院、四川职业技术学院、南京工业职业技术学院，山东理工职业学院、江苏建筑职业技术学院、许昌职业技术学院。我提议，让我们对他们的辛勤努力和精彩的承办表示衷心的感谢！

六年来，参加该项赛事的有320余所高职高专院校的近8000件作品，获奖比例按照参加终评作品数的20%为一等奖，30%的二等奖，50%的三等奖，获奖总数控制在参加作品的总数的50%以内。

六届赛事共产生了近4000个获奖作品，其中674个一等奖；60个学校获得“创新发明教育基地”铜牌，10个学校获得“双创先进工作单位”铜牌，781名教师获得优秀指导教师，262名指导教师获得“组织工作先进个人”荣誉称号，149所学校获得优秀组织学校奖。

（二）加强创新研究

1. 创新课程体系研究

通过发明杯大赛，激发了老师和学生发明创新创业的热情，各校都开始了创新课程体系的开发研究。例如，分会副秘书长河北省医药化工职业技术学院陈爱玲教授，率先提出创新课程入课堂，建立了一套完整的创新课程体系，开发了适合高职院校的创新教材，并在分会做了多次培训。还有许多优秀的指导教师在创新课程体系开发方面都在分会组织的研讨中做了他们各具特色的经验分享，无形推进了各校创新课程体系的研究与建设。

2. 创新方法研究

分会聘请全国知名专家开展了创新方法理论培训，在此基础上，我分会相关专家于2016年7月成立了TRIZ研讨交流群（群号：342378863），该群是封闭的TRIZ学习交流平台，由致力于创新理论和创新教育研究的老师们组成，参加该群的现在有大约60人，进行各种培训交流活动近80场次，培养出了一批TRIZ创新理论专家和创新教育者。

3. 2011年，分会自主开发了全国高职高专“发明杯”创新创业管理系统平台网站建设。

4. 通过大赛作品的制作开发，大大促进了老师们的科研热情，立项题刻、发表的论文、出版的双创优质教材层出不穷。其中在由中国国家知识产权局主管的杂志《创新时代》上也发表了3篇相关论文。

5. 申请专利保护的热情与自觉性大大提升，第七届大赛作品中专利凤毛麟角，现在参赛作品已经授权专利达到30%~40%，充分体现了赛事取得的丰硕成果。

（三）推广创新成果

1. 推荐参加昆山与佛山的国际发明展览会

从第九届发明杯大赛开始，分会都会从大赛中选拔5件作品参加由中国发明协会、发明者协会国际联合会（IFIA）主办，国家知识产权局、江苏省科学技术厅、江苏省知识产权局为支持单位，江苏省发明协会、昆山市科学技术局和知识产权局为承办单位的国际发明展览会。2014年开始，这一展会正式定点在昆山举办，每两年一次，并已列入国家知识产权局与江苏省合作共建项目。

2017年参加了广东佛山举办的国际发明展览会。展览会的主题是“大众创业、万众创新”，以营造全社会的创新创业氛围，通过这个展览会，旨在促进科技成果的转化，推广创新成果。

截至目前，已经参加了3届国内的展览会，有3个项目初步达成转化协议。

2. 搭建起纽伦堡（德国）国际发明展、日内瓦（瑞士）国际发明展平台

通过和中国发明协会协商，发明杯大赛获得一等奖的发明制作类作品（有发明专利），可通过我分会向协会推荐参加最著名的国际展览会。2014年，搭建起了纽伦堡（德国）国际发明展、日内瓦（瑞士）国际发明展平台，为创新成果的推荐、转化搭建起了一个最高规格的平台（受国家知识产权局与世界知识产权组织委托，中国发明协会负责“日内瓦国际发明展中国代表团”组团任务）。

3. 根据中国发明协会中发协字〔2017〕4号文精神，积极组织相关学校拥有技术发明成果或发明专利的第一发明人，参加中国发明协会组织全国性的“发明创业奖人物奖”与“当代发明家”荣誉称号的评选。

4. 推优参加本科组专项大赛

第二届理事会通过第九届发明杯大赛的终评成绩，选派了4件作品参加由中国仪器仪表学会于2014年创办的全国性赛事——中国（国际）传感器创新大赛并入围决赛。大赛历经9个月筹备，最终有363支队伍报名，提交作品数达282个，参赛队员逾千人。经各区域赛选拔，甄选出50支队伍进入决赛，我们推荐的5件作品入围决赛，并在2014年9月在中国北京航空航天大学培训中心举行的决赛中有3件作品分获二、三等奖。

（四）知识产权培训活动

每届大赛都将针对参赛师生开展发明专利与知识产权方面的集中培训和互动式培训活动，由2名全国知名专家以及2所高职院校发明专利和创新创业方面的专家做4个专题的集中培训，20名专家还对所有终评现场参赛师生进行了互动式交流培训，参训人数达到4000人次左右。

同时每年还在不同的城市利用召开年会的机会，邀请2名全国知名专家对参会领导与老师们进行培训，2名参会的创新指导教师进行会议交流与经验分享。

通过举行这种丰富多彩的知识产权培训活动，使参训的师生在知识产权保护、专利申请方法、创新创业方法与发明制作等方面都得到了很大的提高。

在这里我代表第二届理事会以及所有会员向多年来为我们奉献过精彩绝伦培训讲座的专家们和100多名网评与终评专家表示衷心的感谢！

（五）加强了创新宣传

（1）2012年，为了扩大中国发明协会高职院校发明杯创新创业大赛的知名度与影响力，为了更好地宣传大赛的理念，自主设计了大赛的视觉识别系统，如我们的LOGO会徽，并开发了“全国高职高专‘发明杯’创新创业大赛管理系统”。通过以上举措，保障了宣传的统一性，保证了大赛的公平、公正和公开。

（2）2016年分会在核心期刊《中国职业技术教育》杂志上对中国发明协会高职院校“发明杯”大学生创新创业大赛进行了彩色整版的形象宣传。

（3）为扩大受益面。大赛的重要文件以及获奖信息，都在中国科技网、中国知识产权报社、中国职业教育网、中国科协科学时报、《中国发明与专利》杂志社、《中国职业技术教育》杂志社、中国发明网、中国创业网、高等职业院校网、全国高职高专创新网、中国高教学会职业教育分会、高等职业院校创新创业教育联盟、四川省教育厅、终评承办院校所在省的相关网站上链接发布，采用平面立体全方位进行了及时的宣传报道。

代表第二届理事会对大力支持过我们的所有媒体朋友们表示衷心的感谢！

（六）加强分会自身建设

（1）经多次研讨修订了分会章程，制定了秘书处岗位制度、财务制度以及公文管理等工作制度。

（2）每年召开分会工作年会会议，总结前一年工作，落实当年工作要点，审议发展新理事单位和其他有关问题。

（3）处理参赛作品产权纠纷投诉工作。

（4）坚持分会的规范管理，与时俱进，不断提高业务素质和服务质量，分会工作多次得到中国发明协会的充分肯定与全体会员单位的好评。

（5）我分会派代表参加了中国发明协会第七届会员大会，2名代表当选为常务理事，1名为理事，1位教师获得第九届“发明创业奖人物奖”。

（6）逐年选拔优秀的网评专家并加强了网评专家队伍的日常管理，同时进一步规范了终评现场评审专家队伍的管理，建立了一只稳定的网评专家队伍，并与许多优秀的终评现场评审专家建立了良好的关系。

我代表二届理事会对所有评审专家的默默奉献和大力支持表示衷心的感谢！

（七）进一步加强了与各部委以及关联协会的沟通和协调

通过中国发明协会的协调和分会自身的努力，中国发明协会高等职业院校发明创新分会积极同国家教育部、中国科学技术协会、中国高等学校知识产权研究会、国家知识产权局人教部、国家知识产权新闻宣传中心、全国高等职业院校创新创业教育联盟、中国高教学会职业技术教育分会、承办终评阶段院校所在省的科技厅、科协等厅局进行沟通。为双创工作再上新台阶打下了坚实的基础。

各位代表！六年来，分会工作取得了一定成绩。这些成绩的取得，离不开中国发明协会的指导和关怀，离不开全体会员单位的支持和配合，也离不开分会全体工作人员的共同努力！在此，我代表中国发明协会高等职业院校发明创新分会，向所有关心和支持分会工作的领导和同志们表示衷心的感谢，特别是对鹿大汉秘书长、余华荣秘书长、曹晓滨副秘书长、韩洪光部长、徐晓敏部长、方欣部长等协会领导对本届理事会的大力支持和关心表示衷心的感谢！

二、对第三届理事会工作的建议

各位代表！我们也清醒地认识到，我们的工作离会员单位的期望，中国发明协会和主管部门的要求还有不小的差距，存在着许多不足之处，恳请大家予以谅解。为此，我谨代表第二届理事会对分会今后的工作提出如下建议。

（一）继续加强培训工作，加强培训体系建设

组织自己的培训师组建培训团队，组团申报国家培训项目或开发培训项目，在会员院校乃至全国高职院校开展创新教育课程体系建设、创新方法、专利申报等方面的培训工作。做出我们自己的品牌！

（二）发展高等职业院校“发明杯”大赛，促进成果转化

坚持高等职业院校“发明杯”大赛“增规模、上水平、扩影响”的工作思路，组织好高职院校“发明杯”大学生创新创业大赛，在可能的情况下，特别是要创造条件，推进学生的大赛成果向专利成果转化、向社会经济建设市场转化、向经济效益转化，对于成熟的发明制作类作品、优秀的创业项目，要通过知识产权的保护等手段，树立典型，推广成果。

彻底改善参赛的学校数增加量小，参赛的省份分布不均，受益面较小，参赛作品质量虽然有大幅度的提升，但成果转化没有大的突破，成果转化率较低，参赛作品成功申请专利的比例较低，特别是发明专利作品数偏少等不足现象。

（三）开展科研方面

建议通过吸引行业、企业参与活动促进成果转化，特别是争取基金开展自己的科研项目申报工作，每年发布科研项目申报指南，给老师们搭建科研平台。

（四）进一步加强分会自身建设

（1）结合换届工作，完善中国发明协会高等职业院校发明创新分会组织架构：

1）建立区域协作组。分区域设立副理事长，全权负责本区域的活动；通过区域副秘书长协助副理事长、再通过常务理事来组织本区域会员学校开展特色活动。

2）成立各种职能部门。在秘书处下面设立各种职能部门协助理事长单位与秘书处开

展专项工作，如宣传部、培训部、科研部、竞赛部、财务部、信息部等。

（2）合理设立奖项，进一步提高各类评优工作的质量和水平，使之进一步制度化、标准化、规范化。

各位理事，各位代表！党和政府非常重视双创工作，我们相信，中国发明协会高等职业院校发明创新分会在中国发明协会的关心指导下，在广大会员单位的积极响应下，新的一届理事会一定会把分会工作做得更好，取得更大成绩，为促进我国创新创业发展做出新的更大的贡献！

最后，对中国发明协会对分会的指导与大力支持表示衷心的感谢，对所有会员单位对成都航空职业技术学院工作的大力支持与包容表示衷心的感谢！

成都航空职业技术学院牵头组织 7～12 届全国高职院校“发明杯”大学生创新创业大赛照片见彩页 4。

三、7～12 届全国高职院校大学生“发明杯”创新创业大赛概况

“第七届全国高职院校‘发明杯’大学生创新创业大赛”，由成都航空职院承办，经评审并报中国发明协会审定确认（2012 年 7 月 22 日），评出创新发明类一等奖 50 名、二等奖 25 名、三等奖 54 名；评出创业创意类一等奖 136 名、二等奖 191 名、三等奖 219 名；成都航空职院等 24 个高职院校的 58 名项目指导教师被评为第七届全国高职高专“发明杯”创新创业大赛优秀指导教师；成都航空职院等 24 个高职院校被评为优秀组织奖，成都航空职院、江苏建筑职院、重庆电专、昆明冶专、南京工业职院、河北化工医药职院、广东科技职院、陕西工业职院、江苏农林职院、邯郸职院等 10 所高职院校被授予“全国高职高专优秀发明创新教育基地”称号。

“第八届全国高职院校‘发明杯’大学生创新创业大赛”，由四川职院承办，经评审并报中国发明协会审定确认（2013 年 8 月 6 日），评出发明制作类一等奖 69 名、二等奖 64 名、三等奖 95 名；评出创意类二等奖 101 名、三等奖 101 名；评出创业类一等奖 15 名、二等奖 29 名、三等奖 44 名；邯郸职院等 31 所高职院校的 61 名项目指导教师被评为优秀指导教师、南宁职院等高职院校的 31 名教师被评为组织工作先进个人；清远职院等 23 所高职院校被评为优秀组织奖；无锡商业职业技术学院、江苏农林职业技术学院、金华职业技术学院、浙江机电职业技术学院、河南牧业经济学院、广东农工商职业技术学院、保定电力职业技术学院、四川职业技术学院等 8 所高职院校被授予“全国高职高专院校发明创新教育基地”称号。

“第九届全国高职院校‘发明杯’大学生创新创业大赛”，由南京工业职院承办，全国 22 个省市自治区的 57 所高职高专院校申报 1136 件作品，其中，发明制作类 520 件，创业类 195 件，创意类 421 件，经评审并报中国发明协会审定确认（2014 年 10 月 28 日），共评选出 541 件获奖作品，其中，评出发明制作类获奖项目 225 件（南京工业职院的“反馈跟随式机械手臂”等 51 件作品获得发明制作类一等奖；无锡职院的“基于感知的环境自适应台灯”等 87 件作品获得二等奖；克拉玛依职院的“数显电子抢答器”等 87 件作品获得三等奖），评出创业类获奖项目 108 件（四川职院的“万永商号大学生信用商城”等 14 件作品获得创业类一等奖，内蒙古建筑职院的“海博物业公司”等 34 件作品获得二等

奖，北京财贸职院的"奶茶驿站店"等 60 件作品获得三等奖），评出创意类获奖项目 208 件（成都航空职院的"自动翻普仪"等 11 件作品获得创意类一等奖，河南牧业经济学院的"爱护水资源"等 67 件作品获得二等奖，安徽机电职院的"创意椅"等 130 件作品获得三等奖）；从近 2000 名指导教师中评选出 120 名获得优秀指导教师奖；从组织该项大赛的近 150 名组织者中评选出 53 名获得大赛组织工作先进个人荣誉称号；从参加此次大赛的 57 所院校中评选出 26 所院校优秀组织奖，其中 10 所院校被授予"全国高职高专院校发明创新教育基地"称号。

"第十届全国高职院校'发明杯'大学生创新创业大赛"，由山东理工职院承办，从参加大赛全国 19 个省市地区直辖市的 54 所高职高专院校中申报 1318 件作品参赛，其中发明制作类 595 件、创业类 150 件、创意类 573 件。经评审并报中国发明协会审定确认（2015 年 11 月 1 日），共评选出 717 件获奖作品，其中，评出发明制作类获奖项目 343 件（南京工业职院的"辅助登车装置"等 92 件作品获得发明制作类一等奖；无锡职院的"自动调宽 PCB 板输送机"等 108 件作品获得二等奖；内蒙古建筑职院的"多功能报警杯"等 143 件作品获得三等奖），创业类获奖项目 74 件（山东理工职院的"快猫 100—校园服务 O2O 平台"等 10 件作品获得创业类一等奖，浙江机电职院的"杭州小野兽温情小店"等 30 件作品获得二等奖，四川职院的"花颜茶语"等 34 件作品获得三等奖），创意类获奖项目 300 件（成都航空职院的"皆大欢洗"洗衣店等 16 件作品获得创意类一等奖，河南牧业经济学院的"单反之影视文化传媒"等 165 件作品获得二等奖，金华职院的"多功能家用电锅"等 119 件作品获得三等奖）；156 名指导教师评为大赛优秀指导教师，52 名大赛组织者评为大赛组织工作先进个人，河南工业职院等 28 所院校获得优秀组织奖，山东理工职院等 10 所院校被授予"全国高职高专院校发明创新教育基地"称号。

"第十一届全国高职院校'发明杯'大学生创新创业大赛"，由江苏建筑职院承办，全国 18 个省市地区直辖市的 49 所高职高专院校申报 1354 件作品参赛，其中发明制作类 669 件、创意类 577 件、创业类 108 件。经评审并报中国发明协会审定确认（2016 年 11 月 8 日），共评选出 720 件获奖作品，其中，评出发明制作类获奖作品 418 件（其中，江苏建筑职业技术学院的"智能花盆-新型种植"等 86 件作品获得发明制作类一等奖；四川职业技术学院的"防触电插头"等 125 件作品获得二等奖；泰州职业技术学院的"折叠小艇"等 207 件作品获得三等奖），评出创意类获奖作品 245 件（其中顺德职业技术学院的"宜·居舍"等 20 件作品获得创意类一等奖，浙江机电职业技术学院的"空中自行车停车架"等 91 件作品获得二等奖，山西省财政税务专科学校的"大美晋中行"等 135 件作品获得三等奖），评出创业类获奖作品 57 件（其中，北京财贸职业学院的"不见不散单身餐厅"等 10 件作品获得创业类一等奖，南京工业职业技术学院的"汽车保姆"等 24 件作品获得二等奖，邯郸职业技术学院的"夫妻服装店"等 23 件作品获得三等奖）；四川建筑职业技术学院张莉等 172 名教师被评为优秀指导教师，内蒙古建筑职业技术学院丁锐等 46 名工作人员被评为组织工作先进个人；南京信息职业技术学院等 11 所高职院校荣获优秀组织奖；许昌职业技术学院等 10 所高职院校被授予"全国高职高专院校创新发明教育基地"。

"第十二届全国高职院校'发明杯'大学生创新创业大赛"，由许昌职院承办，全国 20 几个省区直辖市的近 100 所高职高专院校申报 2373 件参赛作品，其中发明制作类 983

件、创业类 207 件、创意类 1183 件。经评审并报中国发明协会审定确认（2017 年 11 月 27 日），共评选出 942 件获奖作品，其中 162 个一等奖、330 个二等奖、450 个三等奖；评出 240 名优秀指导教师奖，80 名组织工作先进个人；评出 30 个优秀组织奖，10 个高职院校被授予“全国高职院校创新发明教育基地”，10 个高职院校被评为“全国高等职业院校双创先进工作单位”。

第七节　双创典型院校——山东理工职业学院

一、学校发展的基本情况

山东理工职业学院是山东省人民政府批准、国家教育部备案的普通高等职业院校。学院位于山东省济宁市太白湖新区，占地 1003 亩，建筑面积 35 万平方米，现有教职工 702 人，教授、副教授职称 226 人。图书馆藏书 120 余万册。学院设有 12 个二级院部。开办 46 个专业，涵盖 11 个专业大类。全日制在校生 16231 人。

近年来，学院牢牢把握住内涵发展、持续发展和科学发展这个主基调，按照“世界眼光、国际标准、特色办学、职教报国”的发展理念，确立“立足济宁、面向鲁南、服务山东”的办学定位，走特色化办学、集团化办学、国际化办学和产学研结合办学的路子。2014 年获批为全国供销合作社系统教学改革综合示范校、山东省教育信息化试点单位，2016 年学院获批为山东省技能型人才培养特色名校。被山东省文化厅、教育厅列为山东省首批非物质文化遗产技艺培训试点高校。2017 年初被山东省文化厅评定为山东省文化创意集市和创意空间试点校。2018 年山东理工职业学院成为中国发明协会高等职业院校发明创新分会会长单位。学院连续三年荣获市直部门“综合考核先进集体”，被山东省委评为 2016 年度“优秀基层党组织”。

二、双创教育的实施成效

（一）参加双创大赛成效显著

2015 年，学院承办第十届全国高职高专“发明杯”大学生创新创业大赛总决赛，全国 19 个省市的 54 所高职高专院校参加决赛，学院总成绩位列第一。在第十至十二届全国高职高专“发明杯”大学生创新创业大赛中，我院共获一等奖 32 项、二等奖 63 项、三等奖 70 项，全国优秀指导老师 30 名，组织工作先进个人 6 名。近年来学院在全国职业院校技能大赛中获奖二十余项，在互联网+、发明杯、挑战杯等大学生创新创业大赛中获奖 170 余项。学院在成功承办第十届全国高职高专“发明杯”大学生创新创业大赛的基础上，2018 年将继续承办第十三届全国高职高专“发明杯”大学生创新创业大赛。

（二）推进双创教育成果丰富

积极进行双创教育研究，公开发表论文、开展课题研究 5 项，其中承担省级课题 2 项，市级课题 2 项。“三阶递进、平台支撑、文化引领”的双创育人模式，2018 年 4 月获全国供销合作职业教育教学指导委员会教学成果奖一等奖。编写出版双创教材 3 部。近三年成功组建创业团队368个，其中注册中小微公司46家，孵化成功率达86%，申报获批授权专利192项。据麦可思数据统计，近两届毕业生自主创业率高达6.8%，远高于全国高职院校平均水平。

（三）发挥双创作用成绩明显

由于学校在双创教育方面所做的积极贡献，学校被选举成为中国发明协会高职院校发明创新分会第三届会长单位，同时学校也是全国职业院校创新创业联盟副理事长单位。先后被评为“省级大学生创业孵化示范平台”、山东省首批“创客空间”、“山东省众创空间”，被省女企业家协会、省妇联授予“山东省女大学生创业培训基地”与山东省中小企业局共建“山东省创业创新学院”。2017年获得中国光伏农业高校最高荣誉“中国光伏农业高校创新奖”。

三、双创教育的主要做法

（一）探索构建专创融合的专业课程体系

将双创类课程全过程融入专业课程，探索构建了三阶段递进式专创融合课程体系。以电子商务专业（创业班）为试点，修订人才培养方案，重构专创融合的课程体系，将双创的意识教育和能力培养贯穿始终，开设“创新思维”“创业教育”“创新创业能力”等必修课程。实施《非课程学分转换与管理办法》，学生从事经学校认定的科学研究、发明创造、技术开发、发表论文及作品、申请专利等方面取得成果及参加双创大赛、创办小微企业等双创项目，通过申请和认定后所获得相应学分。构建起专业与双创相结合、理论与实践相结合、课内与课外相结合的逐层递进的课程体系结构，搭建起“双创意识与方法—双创技巧与能力——企业家精神”逐层递进的职业能力培养体系。

（二）及时建立专兼结合的双创师资队伍

“以培养为主，培养和引进相结合；以专职为主，专职和兼职相结合”的思路，建立起理论和实践经验丰富的专兼职双创师资队伍。建立了辅导员、专任教师、校外导师三支导师队伍。学院22名教师入选山东省教育厅“双创导师库”。聘请了32位成功创业的企业家和行业专家担任大学生创业校外导师。

（三）大力培育敢闯会创的校园双创文化

以双创大赛为引领，全面营造浓厚的双创氛围，广泛倡导“积极创新、勇于创业”的双创风尚，大力培育敢闯会创的校园双创文化。学校在山东省很早就成立了创业学院，设立了双创奖学金，出台了《关于加强三个课堂管理办法》，实施了“六个一”工程和大学生素质拓展认证计划，成立了双创社团和科技创新团队，长期坚持举办了创业沙龙等系列活动。已经培育双创项目368个，申报专利192项。

（四）全力打造师生共享的双创实践平台

学校注意整合校内外教学及公共服务资源，全力打造师生共享的双创实践平台。以产教融合、校企合作为抓手，建立校企、校地协同育人机制。与山东省中小企业局共建“山东省创新创业学院”，与地方政府共建大学科技园，校企共建电商产业园、文化创意集市等理实一体实践育人平台，营造“创客”氛围，激发学生双创激情，为有创业意愿的学生提供交流与发展平台，为有基础、有能力的学生提供创业服务。实践平台为大学生双创实践提供政策、资金各项服务，以提升大学生的双创实战能力，培育师生共同参与的双创实践队伍，同时引导社会资源支持学校的双创教育改革，形成全校性的良性双创生态机制。

四、中国发明协会高等职业院校发明创新分会第三届组成人员（2018年3月24日通过）

名誉会长：夏昌祥　中科创大创新创业教育研究院院长/昆明冶专前校长

第一届理事长

张蕴启　成都航空职业技术学院院长/中国发明协会常务理事

第二届理事长

会　　长：许　可　山东理工职业学院　党委书记

副 会 长：田玉伟（山东理工职业学院　副院长）、武智慧（成都航空职业技术学院　纪委书记）、孙兴洋（扬州工业职业技术学院　院长）、侯同运（枣庄科技职业学院　党委书记）、孙忠峰（威海职业学院　副院长）、孔宪思（青岛职业技术学院　副院长）、刘鲁山（山东发明协会　常务副会长/中国发明协会常委）、胥长寿（四川职业技术学院　副院长）、张志华（河北化工医药职业技术学院　副院长）、刘艺（安徽机电职业技术学院　党委副书记）、刘海波（江苏建筑职业技术学院　副院长）、李波（日照职业技术学院党委委员　科研与规划发展处长）、王顺波（山东水利职业学院　副院长）、霍雄飞（南京工业职业技术学院　副院长）、谭谦章（顺德职业技术学院　纪委书记）、亓正申（许昌职业技术学院　副院长）、肖全民（广西电力职业技术学院　副院长）、陈君丽（河南应用技术职业学院　副校长）、贾君（江苏农林职业技术学院　副院长）、杨淑启（济宁职业技术学院　工会主席）、张清民（泰山职业技术学院　党委副书记）、明照凤（山东商业职业技术学院　院长助理）李应（重庆工业职业技术学院　科研与合作处发展处）

秘书处设在山东理工职业学院，其工作人员组成如下。

秘 书 长：田玉伟（山东理工职业学院　副院长）

副秘书长：黄琪（山东理工职业学院创业学院　院长）、林艳斌（山东水利职业学院创新创业学院　副院长）、武少侠（北京财贸职业学院　团委书记）、张业华（广东省顺德职业技术学院　团委书记）、陈爱玲（河北化工医药学院创新教育专业教研室　主任）、杨丁（四川职业技术学院人文与科技训育中心　主任）、尹成鑫（成都航空职院团委副书记兼学工部副部长）、李寿泉（江苏建筑职业技术学院创业中心中心　主任）、张国政（安徽机电职业技术学院创新创业学院　主任）、劳家仁（南京工业职业技术学院学生处处长）、单士睿（许昌职业技术学院创新创业中心　主任）、陈纪伟（青岛港湾职业技术学院高教研究中心　主任）

理　　事：张虹（沧州职业技术学院　副院长）、樊建英（衡水职业技术学院　副院长）、史春光（郑州财经技师学院　副院长）、颜士华（临沂职业学院　副院长）、孙凌云

（聊城职业技术学院　副院长）、张传宝（菏泽医学专科学校　副校长）、邹翠兰（莱芜职业技术学院　副院长）、王士柱（枣庄科技职业学院　党委委员、机械工程系主任）、陈俊启（菏泽职业学院　副院长）、梁会亭（山东电子职业技术学院　副院长）、李明富（成都航空职业技术学院科技处　处长）、李育枢（四川建筑职业技术学院大学科技园管理办　主任）、张凯（南京信息职业技术学院工程研发中心　主任）、单士睿、张立山（德州职业技术学院教务处　副处长）、刘海明（温州职业技术学院创业学院　院长）、拜可（黄河水利职业技术学院创新创业部　部长）、刘红（成都航空职业技术学院　副教授）、金昊（广西电力职业技术学院实训管理中心　副主任）、朱孟玲（江苏农林职业技术学院学生工作处　处长）、王栓宝（衡水职业技术学院学生处　处长）、刘进（四川职业技术学院人文与科技训育中心　副主任）、蒋鹏飞（四川建筑职业技术学院团委　副书记）、江新星（四川建筑职业技术学院团委　干事）、黄滢（南京工业职业技术学院　团委副书记）、刘锦鑫（广东省顺德职业技术学院　团委办公室　主任）、许东明（安徽机电职业技术学院　教师）、张明杰（河南应用技术职业学院创就业指导中心　副主任）、肖红亮（郑州财经技师学院信息中心　主任）、韩秀国（临沂职业学院双创中心　主任）、牟爱霞（山东工业职业学院　教师）、王志敏（济宁技师学院科研处　副院长）、郭树榜（菏泽医学专科学校学生处　处长）、程小冬（济宁职业技术学院　纪委副书记）、边立为（莱芜职业技术学院科研处　处长）、徐健（莱芜职业技术学院信息工程系党总支书记、主任）、韩玉勇（枣庄科技职业学院机械工程系　副主任）、王现红（郑州财经技师学院培训中心　主任）、孙保福（菏泽职业学院教务处　处长）、魏征（郑州财经技师学院总务处　处长）、董志刚（山东电子职业技术学院科研与社会服务中心　主任）、龙血松（重庆工业职业技术学院　教师）、李向民（河南应用技术职业学院　就业创业指导中心主任）、李雯雯（山东理工职业学院创业学院　科长）、关勇（山东理工职业学院创业学院　科长）

第八节　双创典型院校——天津轻工职业技术学院

天津轻工职业技术学院（简称天津轻工职院），2001 年 1 月由天津轻工行业三所职业院校合并组建成立，经教育部备案、天津市人民政府批准为公办全日制普通高等学校，隶属天津渤海轻工投资集团有限公司。学院坐落于渤海之滨的天津海河教育园区，占地面积 866 亩，建筑面积 19 万平方米，在校生 8500 余人。拥有数字化设计与先进制造等 6 大专业群，开设 31 个高职专业，2 个联合培养技能本科专业。近年来，毕业生就业率均在 97%以上。

一、学校发展的基本情况

学院与瑞士 GF 集团、德国卡尔蔡司、西班牙歌美飒、三菱电梯、中国英利等 11 家世界知名或行业龙头企业共建校内实训中心 11 个，拥有校外实习基地 165 个。校企共建了国内高职院校首个精密模具智能制造生产线并成立协同创新中心，学院为教育部批准工业机器人领域职业教育合作项目建设单位和现代学徒制试点项目建设单位，并牵头组建了京津冀模具现代职教集团、全国新能源类专业共建共享联盟。2018 年 4 月，学院在教育部新闻发布会上作为全国职业院校唯一代表介绍产教深度融合、校企协同创新典型经验，示范效应显著。

学院自2008年以来，连续11年成功承办全国职业院校技能大赛相关赛项；主持完成了国家级新能源类专业教学资源库建设；累计获得国家级和市级教学成果奖13项，在高职院校中的引领示范作用日益彰显。学院将创新创业教育纳入教学，举办创新创业大赛，成立了轻职众创空间，连续两年被天津市教委认定为天津市A级（优秀）高校众创空间，打造了面向天津市职业院校的双创服务平台，针对职业院校学生双创给予帮扶。

学院主动服务国家“一带一路”倡议，联合兄弟院校支持中国企业和产品“走出去”，启动运营了印度鲁班工坊，实现了职业教育服务国际产能合作的重大突破。2018年5月，天津鲁班工坊建设·体验馆在学校落成开馆，全面展示了鲁班工坊建设历程与成果，共展示了天津11所院校的鲁班工坊建设历程与成果，获得中共中央政治局委员、国务院副总理孙春兰的高度评价。

学院办学成绩显著，是国家级示范性骨干高职院校、天津市“世界先进水平高职院校”建设项目单位、天津市职业教育先进单位、天津市“第一届黄炎培职业教育奖”获奖单位、全国职业院校就业竞争力示范校、全国数控技术应用专业领域紧缺人才培养培训基地。同时，还是中国模具工业协会职业教育委员会主任委员单位、全国轻工职业教育教学指导委员会副主任委员单位、天津市模具工业协会副理事长单位、天津市新能源协会常务理事单位，也是天津市首批跻身全国高职院校服务贡献50强单位。

二、双创教育的实施成效

学院将双创教育全面融入人才培养全过程，促进双创教育与专业教育深度融合，打造独具轻工特色的双创生态环境，培养具有双创素质的技术技能人才。主要实现了四个双创重大突破。

（一）实现了发挥领头羊作用的重大突破

学院作为天津市“世界先进水平高职院校”建设项目单位，得到市教委的信任支持和委托，牵头搭建天津市职业教育双创教育服务平台，使天津市所有职业院校得以共同分享海量具有颗粒化、形象化、个性化特征的学习资源，并为学生提供了线上双创模拟实训与线下众创空间实践相结合的学习模式。这个平台的建立，也在全面激励学校在双创教育的各个方面先行先试来更好体现双创教育改革领头羊的作用。

同时，作为天津海河教育园区大学生创新创业联盟委员会秘书长单位，学院致力于为园区院校双创教育“搭平台、汇资源”，促进园区双创工作实现高水平、可持续发展。通过开展园区院校双创资源开放共享、双创工作调研考察等活动，加强了院校互动、校企交流。从另一个侧面发挥学院在双创教育方面的领头羊作用。

（二）实现了构建“融入递进式”体系的重大突破

学院在双创教育实践中构建了高职院校“融入递进式”双创教育体系，2014年《高职院校“融入递进式”创新创业教育体系的构建与实践》获得职教类国家级教学成果二等奖，是当年天津市高校获得的唯一一个双创类国家级教学成果奖。这一探索，为天津市和全国高职院校开展双创教育、构建融入式体系提供了成功的经验和有益的借鉴。

（三）实现了搭建多元化平台的重大突破

为提升双创教育服务质量，学院众创空间从完善项目准入、考核机制，聘请企业导师等角度采取多项举措，收效显著。目前，学院众创空间入驻团队达 40 余个，累计注册企业 19 个，其中天津千度科技有限公司 2018 年初实现 OTC 挂牌。在 2016 年、2017 年天津市高校众创空间绩效考评中，学院众创空间连续两年被评为天津市“A 级（优秀）高校众创空间”。

同样，天津鲁班工坊建设·体验馆的落成开馆，全面展示了天津职业院校鲁班工坊建设历程与成果；同时也为更多天津市乃至全国职业院校学习和建设本校的鲁班工坊提供平台。

（四）实现了朝着国际化发展的重大突破

双创教育国际化发展已经成为学校下一步推动学校双创教育深入改革的一个主要方向。学院承办 2017 年中国—新西兰现代职业教育发展论坛，此次论坛由天津市教育委员会主办，主题是“创新与创业教育”。论坛汇集了中新双方双创教育领域专家，促进了高职教育先进理念、课程体系改革等先进经验的交流。

三、双创教育的主要做法

学院在双创教育的实践发展中构建了高职院校“融入递进式”双创教育体系，通过众创空间建设、课程体系的完善、双创社团的成立等工作的推进，在促进双创工作发展的同时，更好地推动了双创教育与专业教育的融合。

（一）构建高职院校“融入递进式”创新创业教育体系

针对高职学生特点，学院通过双创知识普及、模拟实训、大赛检验、项目扶持层层递进，使双创教育贯穿于高职教育人才培养全过程、一二课堂相互融通、“教、学、做、赛、专业社团系列活动”为一体。并成立了由双创教师、专业教师、职业教育研究专家组成的“高职院校创新创业教育与专业教育融合模式的研究与实践”课题研究团队，探索双创教育与专业教育融合的有效途径，该课题被批准立项为天津市教育科学“十三五”规划职教专项重点课题。

（二）健全创新创业教育工作体制机制

为全面推进学院双创教育工作，学院成立了双创教育领导小组，并于 2013 年成立创业教育指导中心，统筹学院双创教育相关工作。2016 年出台了《天津轻工职业技术学院关于加强创新创业工作的实施意见（试行）》规范双创工作运行，制定了《天津轻工职业技术学院轻职众创空间管理办法》提升服务软实力。

（三）建设众创空间，搭建高校创新创业实践平台

2015 年，学院与企业合作建成轻职众创空间，被天津市教委认定为“天津市众创空间”

（高校部分）。轻职众创空间成立初期，学院提出“创新创业与科研服务紧密结合、学生专业社团活动与真实项目紧密结合、校内外资源整合利用紧密结合”三个结合的顶层设计思路，为创建具有突出高职特色的众创空间奠定了扎实的基础。2017年，轻职众创空间与新西兰怀卡托理工学院众创空间签署合作框架协议，双方将在学生创业项目合作交流、师资培训、资源共建共享等方面展开深入合作，为轻职众创空间发展的国际化合作打下了良好的基础。

（四）完善创新创业课程体系

2010年学院在所有专业开设“创业基础”课程，在不断的实践中引入全球模拟公司联合体项目开设“创业实务”课程。2017年，学院将“创新思维与方法”（8课时，0.5学分）完善到“创业基础”课程中，并制定了《创新创业学分管理办法》，将创新创业实践学分纳入学分管理体系。

（五）建设创新创业专业社团

2018年学院投入60余万元为各二级学院双创社团配备硬件设施，推动了“产品造型设计与快速成型”“机器人制作与控制”“无人机飞行及航拍”“无人机航空协会”“易购商务社团”等专业社团的发展，探索了一条双创教育与专业教育相融合的有效路径。

天津轻工职业技术学院双创教育活动的典型图片见封3彩页。

第九节　双创典型院校——东莞职业技术学院

一、学校发展的基本情况（数据截至2017年12月）

东莞职业技术学院（简称东莞职院）于2009年成立，是东莞市唯一一所公立高等职业院校。建校以来，学校依托地方经济社会发展，以“建设具有东莞特色的全国一流职业技术学院”为办学目标，凝练了“政校行企协同，学产服用一体”的办学模式，确立了“服务学生成长，支撑东莞制造”的办学理念，实现了快速发展，即：建校三年成为万人大学，四年成为“省第三批示范性高等职业院校立项建设单位”，七年成为“省一流高职院校立项建设单位”，迈入全省高职高专第一梯队院校。2015年，我校在中国专科院校竞争力排行榜中，全省83所高职高专院校中排名18，在全国1335所高职高专中排名286；在2017年中国专科院校竞争力排行榜中，全省排名13，全国排名166。

学校位于松山湖国家级高新技术产业开发区，校园总面积62万平方米，校舍建筑面积33.95万平方米，实验实训场所8.9万平方米。现有固定资产13.36亿，其中教学仪器设备总值1.38亿元。图书馆藏有纸质图书83余万册，中文报纸58种，中文期刊1384种，拥有20余个中外文数据库，中外文电子期刊达3万余种，电子图书200多万种，建成校园网万兆主干、千兆接入、百兆到桌面。

学校现有普通全日制在校生9500余人，教职工668人，专任教师455多人，具有高级职称168人，其中正高职称26人，博士近40人。有南粤优秀教师3人、省技术能手2人、省专业领军人才培养对象2人、省优秀青年教师培养对象4人、省高层次技能型兼职教师2人、东莞市优秀教师7人，教师在省级以上信息化教学大赛、行业教学比赛等获奖20余项。

学校设置有机械制造与自动化等36个专业。现有中央财政支持高职建设专业2个，高职—本科协同育人专业1个，省高职教改项目23个，省重点（品牌）建设专业7个，省级精品资源共享课8门，省实训基地3个，省大学生校外实践基地6个，省级教学成果奖4项。2012年以来，连续5年新生报到率位居广东高职第一名，就业质量和社会声誉不断提升。

近年来，学校获市级以上项目立项273项，省科技奖1项，省农业技术推广奖1项，东莞市科技奖1项，主持和参与制订国家行业标准4项；有广东企业科技特派员5人；建有3个省级工程技术研发中心，6个院级技术研发与服务中心，获得发明专利授权23项，授权专利200余项，著作权57项。学校部分指标在全国高职院校中名列前茅，其中知网收录论文数第13位，北大核心数第36位，南大核心数第10位，实用新型专利获得数第49位。

学校重视对外合作交流，与加拿大、澳大利亚、德国及港澳台地区高校签订了合作协议，先后与450多家企业建立了合作关系，探索出9种校企合作模式，牵头成立了东莞市职业教育“政校行企”协同育人指导委员会及5个职教联盟（集团），建立了362个稳定的校外实习基地。

学校办学成绩显著。近年来，学生在各类大赛中表现出色，共获得各种奖项300多个，其中国家级奖项41个，获奖数居全省前十，并获得广东省技能大赛特殊贡献奖。学校先后荣获“全国大中城市社科先进工作单位”“全国教育改革创新示范院校”“广东省安全文明校园”“广东省教育后勤工作先进集体”“广东高校优秀后勤服务实体”“世界莞商大会志愿者服务工作先进集体”“东莞市社科先进工作单位”“东莞市园林式单位”等荣誉称号。

2013年以来，时任国家教育部主管职业教育的鲁昕副部长、中国工程院院长、原教育部部长周济院士、教育部职业教育与成人教育司副司长谢俐等领导到学校视察，对学校的快速发展和双创改革给予了高度评价和极大关注。

二、双创教育的实施成效

（一）探索形成了“东莞职院五结合双创教育模式”

学校在推进双创教育改革中，弘扬“崇德、笃行、精技、创新”的学校校训，借助广东省教育厅在全省高职院校中组织开展“创新强校工程”的东风，根据发展需要，按照学校实际，考虑行业特点，及时将双创教育工作融入全校人才培养的全过程，通过夯实双创基础、营造双创氛围、开展双创研究、借鉴双创经验、展开双创实践、争取双创成果，不但推动学校“创新强校工程”建设取得了可喜成绩，呈现出专业建设成效显著、教学改革亮点频出、课程改革深入推进、质量保障制度完善、双创教育硕果累累的良好态势，而且基本形成了具有东莞职院特色的机制保障与运行管理相结合、理论研究与实践探索相结合、双创教育与专业建设相结合、活动开展与能力提升相结合、双创改革与综合改革相结合的“东莞职院五结合双创教育模式”。

（二）逐步实现了双创教育融入专业建设的改革目标

学校根据党的十八大对双创人才培养作出的重要部署，按照国办发〔2015〕36号文件《国务院办公厅关于深化高等学校创新创业教育改革的实施意见》中关于“到2020年建立健全课堂教学、自主学习、结合实践、指导帮扶、文化引领融为一体的高校创新创业教育体系，人才培养质量显著提升，学生的创新精神、创业意识和创新创业能力明显增强，投身创业实践的学生显著增加”的总体目标要求，及“使创新精神、创业意识和创新创业能力成为评价人才培养质量的重要指标”和“各高校要设置合理的创新创业学分，建立创新创业学分积累与转换制度，探索将学生开展创新实验、发表论文、获得专利和自主创业等情况折算为学分，将学生参与课题研究、项目实验等活动认定为课堂学习”等相关规定，学校及时组织修订人才培养方案，在每个专业人才培养方案中及时增设了双创教育课程，并要求各专业群的双创教育安排不低于4学分。同时，学校通过推广信息化应用，建设了与双创相关的慕课40多门；学校也及时协调制定了《东莞职业技术学院大学生创新创业实践中心管理办法（试行）》，对学生参加双创活动所涉及的学籍、学分、专业等规章制度进行了全面修订，以适应开展大学生双创教育的需要。学校还在全校制定大学生“第二课堂成绩单”制度，将创新创业纳入第二课堂学分，学生参与各类学术科技活动、创造发明竞赛、课外学术科技作品竞赛、创新创业竞赛大赛、自主创业的经历和获得的相关荣誉，以及发表的学术论文、出版的学术专著、取得的技术专利等可获得一定的第二课堂学分，以此鼓励学生积极参与双创活动并进行成果转换。之后又相继制定了学校科研项目管理相关规定（按照《广东大学生科技创新培育专项资金管理暂行办法》制定）《东莞职业技术学院创新创业教师队伍建设方案》《高校学生社团管理暂行办法》《东莞职业技术学院大学生创业教育扶持工作方案》《东莞职业技术学院大学生校外创业实践基地管理办法》《东莞职业技术学院大学生创新创业竞赛管理办法》等制度，这样为学生没有顾虑地全面参加校内外双创活动、为双创教育更好融入专业建设提供了制度保障。

（三）全面提供了师生参与双创活动的实训条件

学校专门成立了双创教育学院，代表学校统筹推进全校的双创教育。同时还鼓励学生成立了学校大学生双创协会。学校优先安排资金，对双创教育学院大楼及其办公室，按照有利于开展双创活动的要求全面进行了装修，包括新设计的门禁系统、智慧教室和展示中心等项目。学校非常注重大学生双创基地建设，根据开展双创活动需要新设计建设了所需要的众创空间，建设了校外创业基地（如松山湖大学生创业孵化园等），完成了百达连新校外电子商务创业基地的建设等。学校专门开展了“创业街”建设，学校将4号停车场改造为创业街。创业街占地面积413.37平方米，总建筑面积507.56平方米，地上建筑2层，采用集装箱建设模式，规划建设主体房间21间。学校同样优先安排资金进行了创业大楼的建设，把原第三教学楼改造为大学生创新创业教育实践中心，主要用于学生创业团队实践，为学校大学生双创团队打造更多空间。规划设计了创新创业展示中心、数字创业学院“乐创学院”等6个集专业建设与学生创新创业教育于一体的基础平台。还创新实践了“政校行企协同，学产服用一体”的办学模式，与企事业单位按照混合所有制模式共建了东莞职业技术学院建筑学院和岭南园林学院，先后开设了2个混合所有制产业学院、5个省级现代学徒制试点基地和21个创新实验订单班。

（四）顺利取得了各级各类大赛的优异成绩

学校通过采取激励措施，全面资助师生参加各级各类双创大赛。因而，获得了一系列大赛的好成果。在各级各类双创大赛中，学校学生多次载誉而归。

（1）取得一系列重要大赛成果。如，在2017年“第十届全国职业院校创业技能大赛企业经营管理沙盘模拟赛项全国总决赛”中，学校管理科学系工商企业管理专业学生温志威、刘家欣、郭培鹏和欧阳明康团队荣获全国总决赛一等奖（指导老师张晓慧、郑剑桥），工商企业管理专业学生陈淑怡、陈紫美、陈宝才和黄文康团队荣获全国总决赛三等奖（指导老师周涵、宋成燕）。又如，在全国职业院校技能大赛“风光互补发电系统安装与调试”赛项中（安徽），电子工程系学生刘璐、陈新楷和蔡嘉鑫组成的代表队，2016年获得该赛项全国一等奖，2018年再以全国总决赛得分排名第二的成绩获得该赛项全国一等奖。再如，在2018年全国职业院校民政职业技能大赛中，管理科学系社区管理与服务专业在“社会工作者高职组”项目比赛中，李家琪同学以全场第一名的优异成绩摘得该项目桂冠，李家琪和刘婷两位同学同时喜获两个一等奖（这已是连续三年获得该赛项的一等奖），陈丽琼和刘丽清两位同学获得两个二等奖（指导老师刘淑娴、谢泰澍和付萍老师）。还有，在2018年全国职业院校技能大赛（高职组）智慧物流作业方案设计与实施赛项国赛中，学校物流工程系物流管理专业李浩祯、彭梓锋、陈洁和何文星4名同学组成的广东省代表队（指导教师肖斌、黄林老师），在全国58支参赛队伍中总成绩排名第一，荣获团体一等奖等。

（2）取得了一系列省赛成果。累计获得奖项71项，其中国家二等奖1项、省级特等奖3项。如，2016年“挑战杯——彩虹人生”广东职业学校创新创效创业大赛中，学校获特等奖2个、一等奖3个、二等奖7个、三等奖3个。其中项目“硕果农业商贸有限公司”获推荐参加国赛获全国二等奖。又如，在2017年第十四届“挑战杯”广东大学生课外学术科技作品竞赛终审决赛中（在广州大学举行），学校获得特等奖1项（《广东高职院校大学生校园网络借贷现状调研报告》）、一等奖2项（《东莞市“机器换人”项目实施情况调查报告》和《基于LED可见光通信的汽车刹车预警系统》）、二等奖2项和三等奖3项。再如，在2017年东莞市教育局、市科技局、团市委共同举办、学校总承办的第三届东莞大学生科技创新节上（其中含7个创新技能竞赛），学校管理科学系承办的子项目——大学生企业经营模拟沙盘竞赛中，学校获得二等奖、优秀指导老师奖和优秀组织奖等荣誉，在其他项目中，学校获得二等奖1项、三等奖4项，优胜奖4项等。

（3）参加其他相关大赛取得成果。学校还积极组织学生参加东莞市青年创业大赛、“互联网+”创业大赛、赢在东莞创业大赛、嘉盈掌柜“加博汇杯”创业大赛、松山湖地区创业大赛、中国大学生跨境电商创新创业大赛、各种行业协会创业大赛，并取得了良好成绩。

（五）不断获得了科研教研教学的丰硕成果

近些年来，学校建成3个省级工程技术研发中心，6个院级技术研发与服务中心；学校获广东省科学技术奖1项，广东省农业技术推广奖1项，东莞市科技奖1项，获得发明专利授权 23 项，授权专利 200 余项，著作权 57 项；学校获得市级以上项目立项 273 项，主持和参与制订国家行业标准 4 项，还选派广东省企业科技特派员 5 人；学校在全国高职院校科研部分指标名列前茅，其中知网收录论文数第 13 位，北大核心数第 36 位，南大核心数第 10 位，实用新型专利获得数第 49 位。2015 年，团省委每年投入 2000 万元支持大学生科技创新而首次启动“广东大学生科技创新培育专项资金项目”（即“攀登计划”），学校获立项 9 个，重点项目 1 个，一般项目 8 个，获得资助总额 16.5 万元，学校按照 1∶1 的比例配套经费，全部项目完成验收。2016 年获立项 7 个，重点项目 1 个，一般项目 6 个，获得资助总额 14 万，学校按照 1∶1 的比例配套经费。2017 年申报项目 41 项，创下新高，获得重点项目 2 项，一般项目 10 项，学校按照 1∶1 的比例配套经费。2013～2015 年期间，学校连年扶持 5～6 个项目参与广东省教育厅质量工程双创训练项目申报立项，并给予专项资金支持，使项目顺利通过了验收。学校相继荣获“全国大中城市社科先进工作单位”“全国教育改革创新示范院校”“东莞市社科先进工作单位”等荣誉。

三、双创教育的主要做法

（一）健全机构，逐步规范管理

学校成立了以校领导为组长，部门负责人组成的“创新创业教育领导小组”，成立了院系两级双创导师团队，增强了双创教育的组织领导能力。学校双创教育工作，在“学校创新创业教育领导小组”的领导下，由学校双创教育学院统筹，学校团委、校企合作与就业指导中心、教务处等部门及各系配合而协调推进。同时，迅速制订了《关于推进创新创业教育改革行动方案》《东莞职业技术学院大学生创新创业实践中心管理办法（试行）》《校企协同育人专家库管理办法》《创新创业竞赛管理办法》等一系列制度，为规范推进全校的双创教育奠定了重要基础。

（二）加强研究，完善课程设置

以理论研究基础，以增强专业素养、训练创造性思维和培养创造性人格为主脉，从整体上对人才培养模式实施了改革创新。在人才培养方案中，增设了双创教育课程，要求各专业群双创教育不低于 4 学分。在双创教育改革中，全面推广信息化应用，建设了“企业家培育与创业的理论与实践”等 43 门课。

（三）配套师资，保障教育发展

学校制定了《创新创业教师队伍建设方案（征求意见稿）》。组织教师参加《创业教育教师教学法高级研修班》《国家职业资格“创业咨询师二、三级培训班》《SYB 创业师资培训班》等培训。建立了校企协同育人专家库，其中企业专家 39 名、双创导师 10 名。

（四）组织活动，打造双创文化

（1）社会实践紧扣时代强音。充分利用暑期“三下乡”社会实践活动加强实践育人，在实践中培育学生的双创意识和能力。2016 年，学校共成立了 47 支团队，其中 32 支镇街团队覆盖东莞市 32 个镇街，另有 15 支立项团队奔赴广东省其他地区，参与人数超过 3600

人。2016 年，学校成立了“展翅计划”工作领导小组，统筹指导全校“展翅计划”各项工作，推动学生通过职场训练，提升实战技能，丰富职业体验。目前学生注册人数已经超过1100人，下辖11个组织，挂靠用人单位68个，学生申请职位数405个，已经签订协议14个。

（2）创业社团紧跟时代潮流。为贯彻落实《高校学生社团管理暂行办法》，学校引导和规范学生社团组织管理与建设，培育特色社团，促进创业类社团繁荣发展。形成以团委为核心和枢纽，学生会组织为主体组织，以学生社团和相关学生组织为外围的工作格局。学校“营销精英协会”和“创业与职业规划发展协会”协助学校成功举行了第八届广东省“娃哈哈全国大学生营销实践大赛”，为学生提供一个创业的实践机会，提高学生双创知识、能力、素质。同时，学校还不定期举行双创培训和沙龙，逐步打造双创文化。

（3）学生创业紧随学校实际。加强扶持，做好点对点服务。2016 年上半年，公开遴选 3 支在校生创业团队入驻学校大学生双创基地。为扶持学生创业实践、项目孵化，学院针对基地 3 个团队免除房租、水电费，经过半年运营，3 个店铺均有盈利，并一定程度上实现基地对于在校生创业群体的自我孵化。此外，学校完成了 4 号停车场改造为“创业街”任务，为学校双创团队打造更多的创业空间。在创业路上，学校还积极扶持创业学生解决他们创业过程中的困难，介绍对接社会资源，协助学生联系创业团队入驻校外大学生创业孵化园。如，学校帮助学校毕业生陈志高同学创立的学盟文化公司成功入驻松山湖大学生创业孵化园、学校毕业生郑唐兵创业团队获得光大风投 100 万投资等。

（五）搭建平台，提升双创能力

学校安排足够经费把学校原第三教学楼改造为“大学生创新创业教育实践中心”，同时规划设计了创新创业展示中心等 6 个集专业建设与学生双创教育于一体的基础平台，还完成了数字创业学院“乐创学院”的建设。成立了由 1 名指导老师+11 名学生组成的“大学生 JESS 创客组”，半年来，团队的销售业务不断扩展，学生的会计核算能力显著提高；与东莞市松山湖控股有限公司合作共建大学生校外创业孵化基地，已开展创业团队入驻遴选工作；与深圳问道创客控股有限公司签约，合作共建投资孵化基地。

第八章
2017年中国高校创新创业教育大事记

2017年1月10日，国务院关于印发国家教育事业发展“十三五”规划的通知（国发〔2017〕4号），支持本科生和研究生提前进入企业开展创新活动，鼓励高校通过无偿许可的方式向学生授权使用科技成果，引导学生创新创业。鼓励各省级政府统筹区域内高校、企业、产业园区、孵化基地、风险投资基金等资源，扶持大学生创业。深化本科教育教学改革，实行产学研用协同育人。

2017年1月13~14日，2017年全国教育工作会议在京召开。提出坚持以服务经济社会发展需求为根本导向，加快优化教育结构。

2017年1月18日，教育部办公厅关于公布首批深化创新创业教育改革示范高校名单的通知（教高厅函〔2017〕3号），认定北京大学等99所高校为“全国首批深化创新创业教育改革示范高校”（简称“示范高校”）。

2017年2月，中共中央、国务院在印发的《关于加强和改进新形势下高校思想政治工作的意见》强调，高校肩负着人才培养、科学研究、社会服务、文化传承创新、国际交流合作的重要使命。这是继2011年时任中共中央委员会总书记胡锦涛同志讲话中将文化传承创新确定为高校第四项职能之后，党和国家首次将“国际交流合作”确定为高校第五项职能（将国际交流合作确定为高校第五项职能，这是我国高等教育与教育对外开放发展规律性认识的重大理论创新，是新时期党中央对高校职能的重要论述，体现了党中央统揽全局、在国际化格局下推进高等教育改革的战略思维）。

2017年3月6日，教育部关于举办第三届中国“互联网+”大学生创新创业大赛的通知（教高函〔2017〕4号），2017年3月至10月举办第三届中国“互联网+”大学生创新创业大赛。

2017年3~7月，中关村中科创新创业教育基金会举办每月一期“中科助力计划”活动。该计划是中科创大面向合作院校师生创业项目持续进行定期辅导及投资对接系列活动。

2017年4月21日，由中国教育创新校企联盟主办、慧科集团旗下高校邦携手厦门理工学院联合承办的2017全国高校创新创业教育高峰论坛暨中国“互联网+”大学生创新创业大赛蓝皮书发布会，汇聚来自北京邮电大学、郑州大学、东北财经大学、上海立信会计金融学院、扬州大学、江苏大学、南京工业职业技术学院等100所高校创新创业教育带头人以及教育部高等学校创业教育指导委员会、福建省教育厅以及中国教育创新校企联盟、全国高职院校创新创业教育联盟等相关领域的官员和专家。

2017年5月，中关村中科创新创业教育基金会首届“点靓计划”—大学生创新创业梦想支持计划公益项目正式启动。

207年5月3日，关于举办“第十二届全国高职高专‘发明杯’大学生创新创业大赛的通知”下发，11月27日结束。由中国发明协会、河南省科学技术厅、河南省科学技术协会、中国高等学校知识产权研究会主办，许昌职院和成都航空职院承办，全国20几个省区直辖市的近100所高职高专院校申报2373件参赛作品，其中发明制作类983件、创业类207件、创意类1183件。共评选出942件获奖作品，其中162个一等奖、330个二等奖、450个三等奖；评出240名优秀指导教师奖，80名组织工作先进个人；评出30个优秀组织奖，10个高职院校被授予“全国高职院校创新发明教育基地”，10个高职院校被评为“全国高职院校双创先进工作单位”。

2017年5月18日，2017首届“北斗+宽带”创新创业大赛启动仪式在北京航空航天大学举行。活动由中关村空间信息产业技术联盟、宽带无线专网应用产业联盟、基石基金、创新工场、中关村智汇产业技术研究所联合主办。

2017年5月23~24日，中科创大在华中师范大学中科创业学院举办合作院校第二届中科创业学院院长工作研讨会。会议围绕“学院整体运行与管理”“创业项目孵化与投资”“创投服务运营与支持”“经验回顾与总结”等四大核心主题，进行双创教育的经验分享与研讨。

2017年5月31日，金砖国家呼吁国际社会支持“双创”。中国常驻联合国代表刘结一代表金砖国家在联合国有关会议上做共同发言时说，国际社会应高度重视创新、基础设施和工业化，支持“大众创业、万众创新”和创新驱动发展，支持中小微企业发展，增加就业。

2017年5~10月，2017年工业和信息化部举行2017“创客中国”创新创业大赛。大赛分为企业组和创客组，由区域赛、专题赛和总决赛组成。

2017年6月2日，厦门大学联合国内一批高校，共同发起成立全国大学生创新创业实践联盟，首批共有包括37所“985”高校和106所“211”高校在内的486所高校和4家企事业单位成为联盟首批成员，标志着中国高校双创实践工作进入深度融合、互惠共赢的崭新阶段。

2017年6~11月，2017第六届中国创新创业大赛在全国各地陆续举行。中国创新创业大赛是由科技部、财政部、教育部、国家网信办和全国工商联共同指导的双创赛事。

2017年6月21日，国务院办公厅关于建设第二批大众创业万众创新示范基地的实施意见（国办发〔2017〕54号）发布。其中15所高校入围，包括北京大学、浙江大学、复旦大学等高校，南京工业职业技术学院作为唯一一所高职校入选（2016年，首批国家双创示范基地名单公布，其中清华大学、上海交通大学、南京大学和四川大学4所高校入选）。

2017年6月25日，2017首届中国高校创新创业教育联盟年会在郑州大学召开，来自全国600余所高校的1700多人参加此次会议。联盟秘书长、清华大学创新创业协调人孙宏斌教代表联盟发布了《中国高校创新创业教育蓝皮书》及《中国高校创新创业教育学情报告》。

2017年6月26日，全国高职院校创新创业教育联盟主办分论坛，针对创新创业教育的人才培养模式、教育实践与质量评价等问题进行了深度探讨。全国高职院校创新创业教育联盟理事长、南京工业职业技术学院党委书记孙爱武主持论坛致辞及主旨报告环节。

2017年6月29日，“广州市中小企业服务日暨2017中国（广州）国际创新创业大赛启动仪式”在白云国际会议中心举行。本次大赛首创龙头企业选场模式，在国内首创了“龙头企业重金悬赏”的精准对接模式，以国机智能、广汽集团等为代表的12家龙头企业参与其中，悬赏总额超过1.5亿元人民币。大赛得到了美国、英国等15个领事馆的大力支持，并将在其中美国、英国、德国、韩国、以色列、俄罗斯等6个国家举办分赛。

2017年7月3日，中科创大作为首批上市企业在深圳文化产权交易所隆重举行文化四板专创板挂牌仪式暨中国超级硅谷5亿人民币A轮融资路演活动。中科创大上市代码为900333，并成为专创板的保荐机构。深圳文交所“文化四板—专利创新专板”（简称“专创板”）是全国第一个、也是唯一的一个专注以创新为导向的企业股权、项目研发权、专利技术拥有权等的挂牌、交易和专利收益权证券化的国家级交易所专板。它将在解决当前创新型企业研发项目融资难，专利技术商业化难和专利及专利池的收益证券化难等方面起到重要的作用。通过对股权、物权和收益权的挂牌交易，提高创新成果的流动性和商业价值，最终实现专利技术收益权的证券化。

2017年7月21日，国务院下发实施了《关于强化实施创新驱动发展战略进一步推进大众创业万众创新深入发展的意见》（国发〔2017〕37号）。

2017年7月21日，《教育部办公厅关于开展第二批深化创新创业教育改革示范高校认定工作的通知》（教高厅函〔2017〕23号），认定中国人民大学等101所高校为“全国第二批深化创新创业教育改革示范高校”（简称“示范高校”）。

2017年8月1日，工业和信息化部关于印发《制造业“双创”平台培育三年行动计划》的通知（工信部信软〔2017〕194号）发布。

2017年8月18日，中共教育部党组发布《关于学习贯彻习近平总书记给第三届中国“互联网+”大学生创新创业大赛“青年红色筑梦之旅”大学生重要回信精神的通知》（教党〔2017〕45号）。通知指出，习近平总书记充分肯定第三届中国“互联网+”大学生创新创业大赛“青年红色筑梦之旅”大学生走进延安、服务革命老区，帮助老区人民脱贫致富奔小康，奋发有为的精神风貌；高度赞扬了他们追寻革命前辈历史足迹，接受思想洗礼，学习延安精神，坚定理想信念，积极进取的意志品质；深切勉励青年学生扎根中国大地了解国情民情，用青春书写无愧于时代无愧于历史的华彩篇章，为青年一代成长成才指明了方向。

2017年8月19~22日，中关村中科创新创业教育基金会发起、中科创大主办的“点靓计划”暑期训练营活动在津京两地圆满举行。

2017年9月8日，在教育部举办的新闻发布会上，教育部高等教育司司长吴岩介绍：近年来，中国双创教育改革呈现出星火燎原之势，大学毕业生创业率已达到3%，超过发达国家1.6%水平近一倍。

2017年9月12日，新华社电题：培养创新创业的有生力量——党的十八大以来创新创业教育改革综述。认为大学生成为双创生力军、创新从课堂开始改变、为创意起飞搭建产学研融合平台。

2017年9月14日，《国务院办公厅关于推广支持创新相关改革举措的通知》（国办发〔2017〕80号）发布，就“科技金融创新”“创新创业政策环境”“外籍人才引进”和“军民融合创新”等内容的改革举措在全国或8个改革试验区域内推广。将“专利快速审查、确权、维权一站式服务”纳入双创政策环境改善首项举措。

2017年9月15日，时任中共中央政治局常委、国务院副总理张高丽出席在上海举办的“2017年全国大众创业、万众创新活动周”启动仪式并讲话。本次活动周由国家发展改革委牵头组成的活动周组委会主办，主题是“双创促升级，壮大新动能”。国务院决定从2015年起设立“全国大众创业万众创新活动周”，规定每年10月选择一周作为“全国大众创业万众创新活动周”，具体时间根据年度安排来确定，每年设置不同主题。“活动周”期间在全国各地举办政策宣传、展览展示、经验交流、信息发布、文化传播、互动对接、投资交易、成果转化等活动，促进各类双创要素聚集交流对接，在全社会营造良好的双创新氛围。

2017年9月20日，深圳文化产权交易所文化四板天使板开盘启动。“天使板”是深圳文化产权交易所全国唯一的一个专注于初创企业股权挂牌、融资和交易的交易板块，专门为创新型企业提供股权与创新研发项目权益的挂牌、融资和交易。“天使板”以创投的视角来甄选具有高成长性的企业和项目挂牌“天使板”。“天使板”的宗旨是：以创投的思维引领创新型企业在创业期进入资本市场，以资本为导向促进其快速发展，同时解决中小微创业企业融资难的问题。

2017年9月24日，中共中央办公厅、国务院办公厅印发《关于深化教育体制机制改革的意见》。

2017年9月27日，由中关村中科创新创业教育基金会、中科招商集团主办，中科创大承办的第四届全球创新创业教育论坛在湖南韶山隆重举行。本次论坛以“创新创业型大学与高校科技成果转化”为主题，共同探讨高校双创教育生态系统如何有效构建、“大学三基工程”（即设基金、建基地、兴基业）如何在高校落地实施、双创教育如何实现协同发展与协同育人等前沿问题，为与会嘉宾奉献一场教育创新的思想盛宴。

2017年10月18日，习近平总书记在中国共产党十九大报告中提出了一系列推进创新的指示精神。

2017年12月5日，《国务院办公厅关于深化产教融合的若干意见》（国办发〔2017〕95号）发布，提出深化产教融合的主要目标是：逐步提高行业企业参与办学程度，健全多元化办学体制，全面推行校企协同育人，用10年左右时间，教育和产业统筹融合、良性互动的发展格局总体形成，需求导向的人才培养模式健全完善，人才教育供给与产业需求重大结构性矛盾基本解决，职业教育、高等教育对经济发展和产业升级的贡献显著增强。

参 考 文 献

［1］国家中长期教育改革和发展规划纲要工作小组办公室．国家中长期教育改革和发展规划纲要（2010~2020 年）［R］．北京：教育部，2010-07-29.

［2］柴径．以点带面推进创业教育——“创业教育”试点工作座谈会综述［J］．中国高等教育，2002（10）．

［3］KAB 全国推广办公室官方网站．关于 KAB 创业教育（中国）项目［OL］．北京：中国创业教育网，2011-09-15. http：//chuangye. cyol. com/content/2011-09/15/content_4894576. htm.

［4］教育部关于大力推进高等学校创新创业教育和大学生自主创业工作的意见［R］．北京：教育部，2010-05-13.

［5］教育部办公厅关于印发《普通本科学校创业教育教学基本要求（试行）》的通知［R］．北京：教育部办公厅，2012-08-01.

［6］教育部等部门关于进一步加强高校实践育人工作的若干意见［R］．北京：教育部，2012-01-10.

［7］国务院．政府工作报告（全文）［R］．北京：中国政府网，2015-03-16.

［8］国务院办公厅关于深化高等学校创新创业教育改革的实施意见［R］．北京：国务院办公厅，2017-05-04.

［9］Johnson L.，Adams Becker S.，Estrada V.，Freeman A. NMC Horizon Report：2015 Higher Education Edition［R］. Austin，Texas：The New Media Consortium，2015.

［10］严建华，魏江．构建“基于创新的创业”教育［J］．中国高等教育，2016（12）：53-56.

［11］吴静怡，王鸿东．上海交通大学入选全国首批深化创新创业教育改革示范高校［N/OL］．上海交通大学校报，2017-03-06（01）. http：//sjtu. cuepa. cn/show_more. php？tkey=&doc_id=2178625.

［12］邬大光．高等教育第三方评估有关情况［R］．北京：教育部．

［13］中国高校创新创业教育联盟．第一次秘书长联席会议在清华大学举行［EB/OL］．中国高校创新创业教育联盟网站，2017-10-15. http：//www. ieeac2015. org. cn/p/16/20171018/135127699449307. html.

［14］李薇薇．全国大学生创新创业实践联盟成立［N/OL］．中国教育报，2017-06-05. http：//www. moe. edu. cn/jyb_xwfb/s5147/201706/t20170605_306443. html.

［15］胡浩，徐祖华．培养创新创业的有生力量——党的十八大以来创新创业教育改革综述［EB/OL］．北京：新华社，2017-09-12. http：//news. xinhuanet. com/2017-09/12/c_1121650705. html.

［16］王长伟，王艳伟．基于互联网+视角的大学生创新创业教育生态系统探析［J］．教育与职业，2017，12：74.

［17］刘隽颖．高校创新创业教育的背景、现状与突出问题［J］．南昌工程学院学报（第 2 期），2016，04：4.

［18］张鹤．高校创新创业教育研究：机制、路径、模式［J］．国家教育行政学院学报，2014，10：29.

［19］赵婀娜．创新创业教育，亟需“升级版”［N/OL］．人民日报，2017-01-05（17），文教周刊．

［20］杨伟伟．高校“广谱式”创新创业教育研究［D］．华东理工大学硕士论文，2016.

［21］樊丽明．全面推进创新创业教育［N/OL］．人民日报，2018-01-08-（07）．

［22］吴俏婧．为浙江经济发展孕育新动力，我省百所高校建创业学院［EB/OL］．浙江在线，2017-10-11. http：//zjnews. zjol. com. cn/zjnews/201710/t20171011_5310611. shtml.

［23］刘志阳．陈和午．十八大以来“双创”成果表明：今天还把“双创”视为一种经济解局工具，思维已严重落伍［EB/OL］．搜狐网站，2017-08-30. http：//www. sohu. com/a/168218194_119707.

［24］于久贺．创客的天阶［M］．北京：机械工业出版社，2016.